PROFIL BAC

Collection dirigée par Georges Décote

La poésie au XIXe et au XXe siècle

problématiques essentielles

Didier Sevreau

Agrégé de l'Université

Docteur ès lettres

Sommaire

PROBLÉMATIQUES ESSENTIELLES

© HATIER, PARIS, AOÛT 2000 ISSN 0750-2516 ISBN 2-218-**73348**-X

ANNEXES

Les mots précédés d'un astérisque sont expliqués dans le lexique (p. 151).

Sauf exceptions mentionnées, les œuvres de Guillaume Apollinaire, Louis Aragon, André Breton, Blaise Cendrars, Paul Claudel, Robert Desnos, Paul Eluard, Jean Grosjean, Philippe Jaccottet, Max Jacob, Jean-Pierre Lemaire, Henri Michaux, Francis Ponge, Jacques Prévert, Raymond Queneau, Pierre Reverdy, Saint-John Perse et Paul Valéry, citées dans ce *Profil*, sont publiées aux éditions Gallimard.

Édition : Luce Camus
Maquette : Tout pour plaire
Mise en page : Ici & Ailleurs

1 Panorama de la poésie au XIXe et au XXe siècle

La poésie connaît un renouveau majeur au XIXe siècle, renouveau qui ne cesse de se diversifier et de s'approfondir tout au long du XXe siècle.

LA POÉSIE AU XIXe SIÈCLE

Trois grands courants poétiques traversent le XIXe siècle : le romantisme, le Parnasse et le symbolisme. Une place particulière doit être réservée à Baudelaire, dans la mesure où il marque un tournant dans l'histoire de la poésie française.

LA POÉSIE ROMANTIQUE

La publication en 1820 des *Méditations poétiques* de Lamartine marque la naissance de la poésie romantique. Celle-ci s'impose et triomphe jusqu'aux alentours de 1850. Son influence cesse d'être décisive dans la seconde moitié du siècle.

Les maîtres de la poésie romantique

Lamartine (1790-1869) appartient à la première génération romantique. Ses *Méditations poétiques* de 1820 sont bientôt suivies des *Nouvelles Méditations poétiques* (1823) et des *Harmonies poétiques et religieuses* (1830).

Alfred de Musset (1810-1857) représente la seconde génération romantique. Son œuvre poétique majeure est *Les Nuits*, dont la publication s'échelonne de 1835 à 1837 : *Nuit de mai*, *Nuit de décembre* (1835), *Nuit d'août* (1836) et *Nuit d'octobre* (1837). À cette génération appartient également **Alfred de Vigny** (1797-1863), dont les *Poèmes antiques et modernes* paraissent en 1826 et *Les Destinées* en 1864 (publication posthume).

Par sa puissance créatrice, **Victor Hugo** (1802-1885) est le chef de file incontesté du romantisme. Ses principaux recueils poétiques sont : *Odes et Ballades* (1828), *Les Orientales* (1829), *Les Feuilles d'automne* (1831), *Les Rayons et les Ombres* (1840), *Les Contemplations* (1856) et *La Légende des siècles* (1859-1873)[1].

Les principaux thèmes de la poésie romantique

Si diverses que soient la personnalité et les œuvres de ces poètes, il est possible de distinguer quelques traits généraux de la poésie romantique.

Celle-ci accorde la primauté à l'individu, au *moi*. « Je suis le premier [...] qui ai donné à ce qu'on nommait la Muse[2] au lieu d'une lyre à sept cordes de convention, les fibres même du cœur de l'homme, touchées et émues par les innombrables frissons de l'âme et de la nature », écrit Lamartine[3].

La poésie romantique est donc une poésie du cœur, qui prend la forme d'un lyrisme de la passion ou de la plainte. L'amour, la nature, la fuite du temps, la conscience de la précarité de la vie humaine, mais aussi un souci humanitaire en faveur des pauvres et des opprimés en sont les thèmes les plus fréquents (voir, pour une analyse plus détaillée de ces thèmes, le chapitre 11).

La conception du poète

Le poète romantique se représente volontiers comme un être mélancolique, rêveur, accablé par la souffrance dont il tire la matière de sa poésie. Il se fait une haute idée de sa mission. Occupé à

1. On peut y ajouter *Les Châtiments* (1853) qui sont plus politiques et satiriques ; Hugo y dénonce en effet violemment le pouvoir et le régime de Napoléon III.
2. *Muse* : l'inspiration poétique.
3. Préface aux *Méditations poétiques*.

déchiffrer l'avenir, il se pose en prophète ou en mage inspiré, qui guide les peuples et éclaire les routes du progrès.

S'inscrivant, dans le même temps, au cœur de l'histoire[4], le poète s'interroge sur le sens de cette histoire. Conduit-elle vers Dieu ? Et par quels chemins ? La réflexion philosophique et religieuse imprègne ainsi la poésie romantique (voir pour plus de détails les chapitres 3 et 5).

Les formes poétiques

Les romantiques restent globalement fidèles à la versification traditionnelle. Ils usent de mètres (de vers) pairs : l'octosyllabe*, le décasyllabe* et l'alexandrin*[5]. Sans aller aussi loin que Victor Hugo qui voulut « disloquer ce grand niais d'alexandrin » (*Les Contemplations*, « Réponse à un acte d'accusation »), tous en font une utilisation souple et variée. Rejets et contre-rejets en rompent la monotonie.

Le plus souvent, les romantiques conservent les formes classiques de la poésie : le sonnet*, l'ode*, la ballade*, l'épître*, la satire* et, parfois, l'épopée*. Deux genres prédominent toutefois : le genre lyrique et le genre épique.

LE PARNASSE

La poésie parnassienne naît en réaction contre les excès et les facilités du romantisme. Elle s'épanouit dans les années 1860 et aura des adeptes jusqu'à la fin du XIXe siècle.

Ses principaux représentants

Quatre grands noms sont attachés au courant poétique du Parnasse[6] :

4. Voir chapitre 3, p. 31-33. Lamartine et Hugo ont participé directement aux batailles politiques de leur temps.
5. Les mots suivis d'une astérisque (*) sont définis dans le petit lexique de la poésie en fin de volume.
6. Du nom de la montagne grecque qui, consacrée à Apollon et aux muses, symbolisait la poésie.

– **Théophile Gautier** (1811-1872) avec *Émaux et Camées* (1852) ;
– **Leconte de Lisle** (1818-1894) avec, principalement, les *Poèmes antiques* (1852) et les *Poèmes barbares* (1862) ;
– **Théodore de Banville** (1823-1891) avec *Stalactiques* (1846) et *Princesses* (1874) ;
– **José Maria de Heredia** (1842-1905) avec *Les Trophées* (1893).

Les caractéristiques de la poésie parnassienne

Par-delà leurs différences, ces poètes partagent quelques convictions fondamentales.

Contre l'épanchement romantique du *moi,* ils pratiquent une poésie impersonnelle, d'où toute confidence, toute mise en scène du *je* sont absentes.

Contre la poésie engagée, ils insistent sur le but désintéressé de l'art : « Il n'y a de vraiment beau que ce qui ne peut servir à rien. Tout ce qui est utile est laid[7] ».

Du romantisme, ils conservent toutefois le goût du pittoresque[8] et de la couleur locale (pays méditerranéens, Orient, les îles...)

Le culte de la forme

Les Parnassiens privilégient le travail, le métier poétique. Pour eux, le poème tire sa beauté et sa justification de sa perfection formelle et de sa virtuosité technique (variété du vers, des images, adéquation du langage et de la poésie). L'émotion qu'il peut engendrer devient secondaire.

Cette poésie « impassible », comme on l'a parfois qualifiée, trouve ses limites dans son idéal même. À force d'être impersonnelle, elle risque d'être comme un marbre : belle, mais froide, et ne suscitant pas l'enthousiasme ou l'émotion du lecteur.

---

7. Théophile Gautier, préface à *Mademoiselle de Maupin* (1835).
8. *Pittoresque* : qui mérite d'être peint, qui frappe la vue ; d'où ce qui est riche en images, en couleurs, en particularités, ou qui est écrit en une langue savoureuse et pleine de relief.

Charles Baudelaire (1821-1867) occupe une place à part dans l'histoire de la poésie française. Romantique de tempérament, il est l'héritier d'une tradition. Mais, par son écriture poétique, il est le premier des modernes.

De la tradition...

Les Fleurs du mal (1857-1861) contiennent peu d'innovations formelles. Baudelaire demeure largement fidèle au sonnet* et à l'alexandrin*. Le « spleen », qu'il décrit, dérive de l'insatisfaction existentielle des romantiques. C'est le nom unique, d'origine anglaise, qu'il donne au visage de l'angoisse, du remords, de l'ennui et de la dépression[9]. Se rattache aussi au romantisme le principe de la « double postulation » qui, pour Baudelaire, semble définir la condition humaine. L'être humain est déchiré entre la nostalgie d'un « idéal » perdu, du désir de s'élever vers Dieu, et la tentation de l'enlisement, de se perdre avec Satan.

... à la modernité

Baudelaire n'en est pas moins profondément original. D'abord par l'audace et la puissance suggestive de ses images, qui traduisent visuellement des états d'âme : « Je suis un vieux boudoir... », « Je suis un cimetière...[10] ». Ensuite, par sa faculté à susciter la rêverie poétique à partir d'un réel familier qui, soudain, se transfigure et s'ouvre sur une autre réalité. Sa théorie des *correspondances* fait enfin de Baudelaire le précurseur du symbolisme[11].

Le Spleen de Paris (1862), intitulé également *Petits Poèmes en prose,* annonce par ailleurs le divorce de la poésie et de la versification. Si Baudelaire n'est pas le créateur du poème en prose*[12], il est

9. Voir aussi les chapitres 7 et 11.
10. Baudelaire, *Les Fleurs du mal*, « Spleen ».
11. Voir le chapitre 12.
12. Le créateur du poème en prose est Aloysius Bertrand (1807-1841) avec *Gaspard de la nuit* (publication posthume en 1842).

celui qui réalise le mieux le « miracle d'une prose poétique, musicale sans rythme et sans rime[13] », adaptée au monde moderne.

LE SYMBOLISME

Le symbolisme désigne tantôt un courant de pensée, tantôt une école littéraire. Il convient d'autant plus de les distinguer qu'ils ne se confondent pas historiquement.

Un courant de pensée spiritualiste

Le symbolisme repose sur la conviction que le monde réel n'est fait que d'apparences et qu'il existe une autre réalité plus mystérieuse et plus complète. C'est une interprétation spiritualiste de l'univers. Comment, dès lors, atteindre cette autre réalité ou, du moins, l'approcher, en donner une idée ? C'est toute la fonction du symbole qui permet de représenter concrètement (par un objet par exemple) l'abstrait et l'invisible[14].

Des poètes symbolistes avant la lettre

Paul Verlaine (1844-1896) pratique un art de la suggestion. Ses principaux recueils — *Poèmes saturniens* (1866), *Sagesse* (1881) et *Jadis et naguère* (1884) — confèrent un primat absolu à la musique, seule capable de transporter l'âme vers des « ailleurs » inconnus.

En faisant de l'harmonie et de la musicalité l'essence même de la poésie, Verlaine contribue à affranchir celle-ci du carcan de la versification : par l'assouplissement de la rime, par la prédominance du vers impair[15], par d'inhabituels effets de rythme[16].

---

13. Voir pour plus de détails le chapitre 2.
14. Voir le chapitre 12.
15. *Vers impair* : qui comporte un nombre impair de syllabes.
16. Voir le chapitre 9.

Stéphane Mallarmé (1842-1898) oriente la poésie vers l'hermétisme[17]. Pour créer et suggérer le mystère, il peint non les réalités concrètes, mais l'effet qu'elles produisent. Ainsi parvient-il à évoquer l'essence des êtres et des choses. Comme en témoigne son recueil de *Poésies* (1887), c'est une poésie difficile d'accès, qui exige du lecteur un effort permanent[18].

Avec *Une saison en enfer* (1873) et *Illuminations* (rédigées entre 1873 et 1875), **Arthur Rimbaud** (1854-1891) bouleverse radicalement la conception de la poésie. Celle-ci devient une exploration de l'inconnu et du *surréel*. Pour y parvenir, Rimbaud prône « un long, immense et raisonné dérèglement de tous les sens[19] ». Toute logique est bannie. Tout sens immédiat disparaît, au profit de visions, d'hallucinations, d'« illuminations » colorées, qui créent un univers merveilleux et féerique. La poésie cesse du même coup de s'identifier au vers. Elle résulte désormais d'un travail sur le langage[20].

L'école symboliste

L'école symboliste se constitue à partir de 1886. Le paradoxe est qu'elle naît après que les principales œuvres de Verlaine, de Rimbaud et de Mallarmé ont été élaborées et publiées.

Jean Moréas, René Ghil et surtout **Jules Laforgue** (1860-1887) avec ses *Complaintes* (1885) et ses *Derniers vers* (1887, publication posthume) en sont les grands représentants. Ils parachèvent la révolution poétique du XIXe siècle. Le vers libre* triomphe. La poésie n'est plus affaire de technique et de maîtrise formelle. Elle devient création d'un langage, qui engendrera ses propres formes, quelles qu'elles soient.

17. *Hermétisme* : ce qui caractérise des doctrines, des textes difficiles à comprendre.
18. Voir chapitre 6.
19. *Lettre du Voyant*, 1871.
20. Voir chapitre 6.

LA POÉSIE AU XXe SIÈCLE

DU DÉBUT DU SIÈCLE À LA PREMIÈRE GUERRE MONDIALE

Un foisonnement de courants et d'écoles caractérise la poésie du début du xxe siècle. Les uns sont des survivances de mouvements anciens ; d'autres sont nouveaux.

La survivance des courants anciens

Le symbolisme

Il perdure à travers les œuvres d'**Henri de Régnier** (1864-1936), d'**Émile Verhaeren** (1855-1916) ou de **Maurice Maeterlinck** (1862-1949). Tous pratiquent couramment le vers libre* et recourent à des symboles clairs, immédiatement intelligibles[21]. **Saint-Pol Roux** (1861-1940), qui évoluera vers le surréalisme, préfère, quant à lui, le poème en prose*. Sur le modèle de la *parole divine,* il accorde à la parole poétique une fonction créatrice et d'exploration de l'inconnu : « Poètes, haussons nos âmes par-dessus les horizons et que nos vœux appareillent pour l'Infini » (*Les Féeries intérieures,* 1907).

Le romantisme

Il retrouve une nouvelle vigueur dans les poèmes intimistes d'**Anna de Noailles** (1876-1933)[22] et le lyrisme fraternel et populaire de **Paul Fort** (1872-1960) :

> Si toutes les filles du monde voulaient s'donner la main, tout autour de la mer, elles pourraient faire une ronde.
>
> Si tous les gars du monde voulaient bien être marins, ils f'raient avec leurs barques un joli pont sur l'onde.

---

21. Les principales œuvres d'Henri de Régnier sont : *Les Médailles d'argile* (1900), *La Sandale ailée* (1906) et *Le Miroir des heures* (1906-1910) ; celles de Verhaeren sont : *Les Villes tentaculaires* (1895), *La Multiple splendeur* (1906) et *Les Heures du soir* (1911) ; celles de Maeterlinck sont : *Le Trésor des humbles* (1896) et *La Sagesse et la Destinée* (1898).
22. Anna de Noailles est notamment l'auteur de : *Les Vivants et les Morts* (1913) et *Les Forces éternelles* (1920).

Alors on pourrait faire une ronde autour du monde, si tous les gens du monde voulaient s'donner la main.

(*Ballades françaises*, 1894-1958, Éd. Flammarion.)

Le renouveau de la poésie religieuse

L'anticléricalisme des premières années du XXᵉ siècle et la séparation de l'Église et de l'État (1905) suscitent en contrecoup un essor de la poésie chrétienne.

Le Béarnais **Francis Jammes** (1868-1938) allie l'inspiration rustique[23] à l'inspiration religieuse. Sa poésie est simple, presque naïve, sans grande audace formelle. Il est notamment l'auteur de *Clairières dans le ciel* (1906) et des *Géorgiques chrétiennes* (1912).

C'est surtout **Charles Péguy** (1878-1914) qui, en ces années, incarne le lyrisme chrétien. Polémiste intransigeant, militant socialiste fougueux, il se convertit au christianisme en 1908. Il ne cesse dès lors de chanter son espérance et sa confiance en Dieu. Ses *Tapisseries* (1913) comportent l'un de ses poèmes les plus célèbres, la « Présentation de la Beauce à Notre-Dame de Chartres » :

Étoile de la mer voici la lourde nappe
Et la profonde houle et l'océan des blés
Et la mouvante écume et nos greniers comblés
Voici votre regard sur cette immense chape […].

Paul Claudel (1868-1955), avant de se consacrer au théâtre, compose enfin ses *Cinq Grandes Odes* (1910) religieuses, écrites sur le modèle des versets* bibliques.

La poésie d'avant-garde

À côté de ces courants traditionnels, apparaît une poésie résolument plus moderne.

Son principal représentant est **Guillaume Apollinaire** (1880-1918), avec *Alcools* (1913) et *Calligrammes* (1918). Voulant être un « poète nouveau, autant dans la forme que dans le fond », il renouvelle

23. *Rustique* : campagnarde.

l'écriture poétique. Dans ses poèmes, le vers libre* alterne avec le verset*. Toute forme de ponctuation disparaît, le rythme du vers constituant selon lui la véritable ponctuation. Les rimes aussi disparaissent au profit de l'assonance. Les images, parfois insolites, se juxtaposent en un désordre savant.

La modernité fait irruption dans la poésie d'Apollinaire : c'est le décor urbain, les allusions au chemin de fer, à l'aviation naissante, aux premières automobiles.

« Zone », « Le Pont Mirabeau », « La Chanson du mal-aimé » figurent parmi les poèmes les plus célèbres d'Apollinaire[24].

Blaise Cendrars (1887-1961) participe également à ce renouveau moderniste. Pour lui, la poésie est inséparable de la vie. De son propre aveu, ses poèmes sont des feuilles de route, des cartes postales, des instantanés photographiques. *Pâques à New-York* (1912) et la *Prose du Transsibérien et de la petite Jehanne* de France (1913) illustrent cette poésie de l'aventure et de la liberté[25].

LA POÉSIE DE L'ENTRE-DEUX-GUERRES

La poésie de l'entre-deux-guerres est surtout marquée par l'avènement du *surréalisme,* qui fait de la poésie le moyen privilégié d'exploration de l'inconscient. L'importance de ce mouvement poétique est telle que le chapitre 13 lui est entièrement consacré. Le lecteur s'y reportera donc.

Si **André Breton** (1896-1966) fut le principal animateur du surréalisme, d'autres poètes y participèrent activement. Citons pour mémoire : **Robert Desnos** (*Corps et Biens,* 1930), **Philippe Soupault** (*Westwego,* 1922, *Georgia,* 1926), **Paul Eluard** (*Capitale de la douleur,* 1926 ; *L'Amour la poésie,* 1929), **Louis Aragon** (1897-1982), avant que son adhésion aux thèses du Parti communiste l'éloigne de Breton.

24. Sur Apollinaire, voir chapitre 4.
25. Sur Cendrars, voir chapitre 4.

LA POÉSIE APRÈS 1945

La poésie après 1945 connaît une diversification extrême. Écoles et courants disparaissent. C'est d'une certaine façon la fin des dogmes. La poésie devient plus humble, mais non moins exigeante. Elle s'interroge sur le langage, cet outil de communication si naturel et pourtant si étrange. Elle cherche à dire le monde, à l'atteindre et l'exprimer dans sa réalité objective. Ou bien à définir le rapport de l'homme au monde : qui suis-je ? et comment prendre possession de cet univers qui m'entoure ? Comment le savoir, sinon par l'aventure même du langage ?

Si, comparée au roman, au théâtre ou au cinéma, la poésie après 1945 se fait plus discrète, elle demeure néanmoins vivace. Le chapitre 14, auquel le lecteur se reportera, en retrace les grandes orientations.

2 La versification définit-elle la poésie ?

La poésie s'identifie couramment à la versification. Un texte serait poétique dès lors qu'il serait en vers. Certes, depuis sa plus haute origine, la poésie s'est appliquée à forger son propre langage et à le codifier dans une métrique[1]. Au regard de son évolution, la rencontre du vers et de la poésie n'est pourtant qu'accidentelle. Preuve en est donnée par les *Petits Poèmes en prose* de Baudelaire (1862), dont le titre même est significatif, ou encore par *Le Parti pris des choses* de Francis Ponge (1942), composé de *poèmes* rédigés en prose. Mais, même dans ce cas, la poésie s'affirme comme une anti-prose. Si on la définit en effet non comme une technique d'écriture, mais comme une réflexion et un travail sur le langage, elle peut s'exprimer par les outils les plus variés.

VERS ET POÉSIE : UNE ALLIANCE DE RENCONTRE

La versification est une technique d'écriture. Si la poésie l'a souvent adoptée, leur alliance, bien qu'elle soit ancienne, n'a rien d'obligé.

Une alliance ancienne et persistante...

Depuis le Moyen Âge, la poésie française recourt à un langage versifié. En témoigne l'existence de plusieurs types de vers. Au XVIe siècle, Ronsard (1524-1585) use du décasyllabe* dans le premier

1. La *métrique* étudie les techniques de versification (nature des vers, rythme, organisation des strophes...).

livre des *Amours* (1552), comme au XIXe siècle le feront Baudelaire (1821-1867) dans « La Mort des amants » et Verlaine (1844-1896) dans « La Bonne Chanson » :

> Et votre regard recherchait le mien
> Tandis que courait toujours l'entretien...[2]

Les poèmes en alexandrins* sont innombrables. L'octosyllabe* est le plus ancien vers français, déjà très en vogue au XIIe siècle[3].

Très tôt, également, la poésie a organisé les vers en des formes fixes, c'est-à-dire en des structures d'ensemble déterminées. Le Moyen Âge invente la ballade*, composée de trois strophes, de six à seize vers selon le cas, et se terminant par un refrain. L'exemple le plus célèbre reste *La Ballade des pendus* de François Villon (vers 1431-vers 1462) :

> Frères humains qui après nous vivez
> N'ayez les cuers [*cœurs*] contre nous endurcis...[4]

Ronsard réhabilite l'ode*, pratiquée par les poètes gréco-latins[5]. Apparu au XIIe siècle, le rondeau* subsiste encore au XIXe siècle[6].

Si certaines de ces formes fixes sont progressivement tombées dans l'oubli, d'autres ont bénéficié d'une faveur éclatante. C'est le cas, en particulier, du sonnet*, importé d'Italie en France vers 1530. Fort à la mode aux XVIe et XVIIe siècles[7], il est encore très utilisé au XIXe siècle. Baudelaire l'emploie fréquemment dans *Les Fleurs du mal* (1861). L'« alchimiste du verbe » et l'explorateur d'inconnu qu'est Rimbaud (1854-1891) ne dédaigne pas le sonnet. Son poème « Voyelles », dans lequel il élabore une série de correspondances entre les sons et les couleurs, se moule dans la structure du sonnet.

---

2. « La Bonne Chanson », XIII. Cette section du poème date de 1869. L'ensemble du poème sera publié l'année suivante, en 1870.

3. La toute première apparition de l'octosyllabe* remonte au Xe siècle.

4. *La Ballade des pendus* est le cri d'un condamné à mort, attendant sa prochaine exécution par pendaison. Dans cette ballade, Villon fait parler des pendus qui s'adressent aux vivants, à leurs « frères humains ».

5. Le poète lyrique grec Pindare (vers 518-vers 438 av. J.-C.) a laissé son nom à un type d'ode : l'*ode pindarique* qui comporte une *strophe** et une *antistrophe*, au mètre semblable mais aux rimes différentes, et une *épode*, strophe courte.

6. Mallarmé (1842-1898) écrira encore parfois des rondeaux.

7. Ronsard, dans ses différents recueils des *Amours*, puis du Bellay, dans ses *Regrets* (1558), ont beaucoup pratiqué le sonnet.

Moins prisé au XXe siècle, le genre n'a pas pour autant complètement disparu de nos jours.

Longtemps, la poésie a usé du vers. Pour Malherbe (1555-1628), qui renouvela la poésie française à l'aube du XVIIe siècle[8], être poète était d'abord un métier, qui exigeait une maîtrise de la versification.

... et pourtant non obligatoire

Toutefois, le vers n'est pas le signe irrécusable de la poésie. Celui-ci existe en effet en dehors des formes traditionnellement considérées comme poétiques.

L'alexandrin*, le vers sans doute le plus connu, tire son appellation d'une épopée* du Moyen Âge intitulée *Le Roman d'Alexandre* (vers 1170). Premier ouvrage romanesque consacré à la vie d'Alexandre le Grand, il était écrit en vers de douze syllabes : le sujet du livre donna son nom au vers. Nombre de romans de l'époque étaient versifiés. Chrétien de Troyes (vers 1135-1185) écrit *Lancelot ou le Chevalier à la charrette* (vers 1179) et *Le Chevalier au lion* (1180) en octosyllabes*.

Au XVIIe siècle, la tragédie classique recourt elle aussi à l'alexandrin*, conformément aux règles du genre. L'alexandrin était alors considéré comme la manière d'écrire la plus noble qui soit, la mieux à même d'exprimer la grandeur des sentiments et des personnages. Quand Molière veut élever la comédie au même rang de dignité que la tragédie, il écrit en alexandrins* (voir *Le Tartuffe* [1669] ou *Le Misanthrope* [1666]). Mais, pas plus que les romans médiévaux en vers, les pièces de Corneille, de Racine ou de Molière, ne sont des « poèmes », au sens traditionnel du terme.

Sauf exception, les comptines* ne le sont pas davantage. D'origine populaire, toujours chantonnée, la comptine est fondée sur un jeu de rimes avec les nombres :

> Un, deux, trois,
> Nous irons au bois,

8. Malherbe voulait que la rime plût à la fois à l'œil et à l'oreille. Il proscrit tout hiatus*, l'enjambement*, l'absence de césure*... Pour lui, la difficulté technique était la condition de la pureté de la poésie.

Quatre, cinq, six,
Cueillir des cerises…

La poésie n'est donc pas le refuge unique du vers. Celui-ci peut exister en dehors d'elle.

LA POÉSIE EN DEHORS DU VERS

Inversement, la poésie peut exister sans le vers. Les meilleurs prosateurs ont toujours pratiqué une *prose poétique*. En outre, à partir du XIXe siècle, la poésie tend à se définir contre la versification, comme le suggèrent les notions de *poème en prose* et de *vers libre.*

La prose poétique

Jean-Jacques Rousseau a écrit des pages de prose poétique célèbres, en particulier dans *Les Rêveries du promeneur solitaire*[9]. Il y a prose poétique dès lors qu'un écrit fait une large place aux procédés poétiques que sont les images, les sonorités, les répétitions, les parallèles et les effets de rythme.

Analysant ainsi l'« état de rêverie » qui était le sien quand il se reposait au bord du lac de Bienne, Rousseau décrit le bonheur du présent vécu à l'état pur :

> Quand le soir approchait je descendais des cimes de l'île, et j'allais volontiers m'asseoir au bord du lac sur la grève, dans quelque asile caché ; là le bruit des vagues et l'agitation de l'eau fixant mes sens et chassant de mon âme toute autre agitation la plongeaient dans une rêverie délicieuse où la nuit me surprenait souvent sans que je m'en fusse aperçu. Le flux et reflux de cette eau, son bruit continu, mais renflé par intervalles, frappant sans relâche mon oreille et mes yeux, suppléaient aux mouvements internes que la rêverie éteignait en moi et suffisaient pour me faire sentir avec plaisir mon existence sans prendre la peine de penser.
>
> (*Rêveries du promeneur solitaire,* « Cinquième Promenade ».)

Les rythmes et les sons concourent à l'expression des sensations.

9. Rédigées entre 1776 et 1778, les dix « Promenades » des *Rêveries* ont été publiées en 1782, quatre ans après la mort de Rousseau en 1778.

Après Rousseau, Chateaubriand, dans ses *Mémoires d'outre-tombe* (1849-1850), Stendhal, dans certains passages de *La Chartreuse de Parme*[10], et bien d'autres useront de la prose poétique.

Le poème en prose

Le poème en prose se distingue de la prose poétique par sa brièveté[11] et par son autonomie : il forme un tout qui se suffit à lui-même. À la différence de la prose poétique, il réduit autant qu'il est possible la narration et la description. Sa présentation typographique est également particulière. Le poème en prose s'organise en paragraphes, de longueur variable, qui constituent des unités de pensée. Plus qu'aux rythmes, il accorde le primat aux images.

Voici le début de « La Chambre double », appartenant au *Spleen de Paris*[12] de Baudelaire :

> Une chambre qui ressemble à une rêverie, une chambre véritablement spirituelle, où l'atmosphère stagnante est légèrement teintée de rose et de bleu.
> L'âme y prend un bain de paresse, aromatisée par le regret et le désir. – C'est quelque chose de crépusculaire, de bleuâtre et de rosâtre ; un rêve de volupté pendant une éclipse.
> Les meubles ont des formes allongées, prostrées, alanguies.
> Les meubles ont l'air de rêver ; on les dirait doués d'une vie somnambulique, comme le végétal et le minéral. Les étoffes parlent une langue muette, comme les fleurs, comme les ciels, comme les soleils couchants.

« Double », la chambre l'est parce qu'elle est décrite succinctement pour elle-même et surtout pour ce qu'elle suggère : le cadre adouci d'un rêve où règnent une harmonie tranquille et le bonheur de l'esprit.

Aloysius Bertrand (1807-1841), avec *Gaspard de la nuit,* fut le créateur du poème en prose. Mais c'est surtout Baudelaire qui le mit en vogue.

---

10. Voir par exemple dans *La Chartreuse de Parme* (1839) la description du lac de Côme (livre I, chap. 2).
11. Certains poèmes en prose de Baudelaire font quelques lignes ; d'autres, deux ou trois pages. Mais aucun n'a la dimension d'une nouvelle ou d'un chapitre de roman.
12. C'est l'autre nom donné aux *Petits Poèmes en prose.*

En 1948, Francis Ponge inventera le néologisme de *proêmes*[13], composé du mot *poème* et du mot *prose*[14]. Son recueil, *Le Parti pris des choses* (1942), comprend uniquement des poèmes en prose.

L'apparition du poème en prose a dissocié la poésie du vers et a rendu plus floues les frontières entre la prose et la poésie.

Le vers libre

Le vers libre est une autre façon de s'éloigner de la versification. Comme son nom l'indique, il s'affranchit des contraintes du vers traditionnel. Sa longueur n'obéit plus à un décompte déterminé de syllabes. L'assonance* et la rime* ne sont plus des obligations. Seul l'isolement typographique par le retour à la ligne l'apparente encore au vers traditionnel.

La Prose du Transsibérien et de la Petite Jehanne de France (1913 ; Éd. Denoël, 1947), de Blaise Cendrars, est un exemple de cette écriture en vers libres :

> En ce temps-là j'étais en mon adolescence
> J'avais à peine seize ans et je ne me souvenais déjà plus
> de mon enfance
> J'étais à 16.000 lieues du lieu de ma naissance
> J'étais à Moscou, dans la ville des mille et trois clochers
> et des sept gares
> Et je n'avais pas assez des sept gares et des mille et
> trois tours [...]

Rejetant les règles de la versification, le vers libre privilégie les effets rythmiques et sonores. *La Prose du Transsibérien...*[15] reproduit le rythme lancinant du train. La longueur inégale des « vers » de ce vaste poème traduit les accélérations et les ralentissements du convoi.

Le vers libre a marqué la « révolution poétique » de la fin du XIXe siècle[16]. Rimbaud, dans *Une saison en enfer* (1873), Guillaume Apollinaire, avec son poème « Zone » dans *Alcools* (1913) ou, dans un

---

13. En latin, *proemium* veut aussi dire « préface ».
14. Voir chapitre 5, p. 58-59.
15. Le *Transsibérien* est le nom donné à la ligne de chemin de fer qui traverse la Sibérie.
16. Voir chapitre 1, p. 11.

registre différent, Jacques Prévert dans *Paroles* (1947) l'ont utilisé couramment. La liste de ces poètes « vers libristes » serait interminable à dresser. On trouve autant d'utilisations du vers libre que de poètes et même de poèmes.

LA POÉSIE RESTE UNE ANTI-PROSE

Qu'elle s'exprime en vers ou en prose, la poésie reste toutefois une anti-prose. C'est visuellement immédiat quand il s'agit de vers. Pour parler comme le « bourgeois gentilhomme » de Molière, « tout ce qui n'est point prose est vers[17] ». Mais il peut sembler moins immédiatement évident que la poésie soit une anti-prose, même quand elle use de la prose. Elle l'est pourtant : parce qu'elle utilise le langage à d'autres fins que le langage courant; parce qu'elle traite le mot autrement que le langage quotidien. Dès lors, qu'il s'agisse de vers ou de prose, la forme importe peu.

Parce qu'elle utilise le langage autrement

La vie quotidienne se sert du langage comme d'un simple outil, pour véhiculer une information ou transmettre un message. Les mots ont donc un sens fixé par l'usage, afin que s'établisse une communication. Le poète cherche, quant à lui, à inventer des rapports nouveaux entre les mots. Car, en les inventant, il crée des significations nouvelles. Par là même, il donne à voir le monde autrement. C'est pourquoi on a souvent défini la poésie par la notion d'*écart*[18] – d'*écart* par rapport à la norme courante.

Cette réactivation du langage peut s'opérer d'innombrables manières.

- Par des alliances et des rapprochements inattendus :

La terre est bleue comme une orange :

---

17. *Le Bourgeois gentilhomme* (1670), II, 4.
18. Jean Cohen, *Structure du langage poétique*, Éd. Flammarion, coll. « Champs », 1966, p. 50.

ce vers célèbre de Paul Eluard[19] tire sa force de son caractère insolite, apparemment absurde. On attendrait en effet : « La terre est ronde... ». Mais ce serait plat et banal. Le choc provient de ce regard neuf posé sur la terre – d'autant plus que, vue du ciel, notre planète est bleue !

• Par des images (comparaisons ou métaphores) établissant une relation entre deux réalités différentes. Dans « La Chanson du mal-aimé[20] », Apollinaire écrit :

> Nous semblions entre les maisons
> Onde ouverte de la mer Rouge
> Lui les Hébreux moi Pharaon.

La marche dans la ville est associée à la traversée par les Hébreux de la mer Rouge, dans l'Ancien Testament[21].

Le surréalisme[22] accentuera le procédé. Plus l'image rapprochera deux réalités éloignées, plus l'image lui semblera forte et belle. Pour célébrer l'irradiation du désir érotique, André Breton écrit :

> Ma femme à la chevelure de feu de bois
> Aux pensées d'éclairs de chaleur[23].

• Par référence au contexte dans lequel le mot surgit. Parlant des huîtres, Francis Ponge note :

> Parfois très rare une formule perle à leur gosier de nacre, d'où l'on trouve aussitôt à s'orner[24].

Le poète joue sur les mots : *formule* signifie « petite forme », mais renvoie aussi au processus chimique qui *forme* la perle. Celle-ci n'est pas elle-même désignée par le substantif, mais par le verbe.

Dans une telle conception de la poésie, le débat sur l'utilisation du vers ou de la poésie devient secondaire.

---

19. *L'Amour la poésie* (1929).
20. Poème d'*Alcools* (1913).
21. Dans cette partie de la Bible, Moïse fait traverser la mer Rouge au peuple juif qui fuit les persécutions égyptiennes pour gagner la Palestine.
22. Sur le surréalisme, voir chapitre 13.
23. Poème figurant dans l'*Union libre* (193l).
24. « L'Huître », dans *Le Parti pris des choses* (1942).

Parce qu'elle traite le mot différemment

Le poète considère en outre le mot non comme un ensemble de lettres tracées sur du papier, mais comme un *objet* possédant une réalité concrète. Le mot possède en effet une longueur, d'une ou plusieurs syllabes, une sonorité particulière, que lui donnent ses voyelles, une désinence*, masculine ou féminine, bref un aspect visuel et sonore. Le poète peut en jouer.

L'harmonie imitative est un exemple de cet usage du mot comme objet. Elle consiste à suggérer la réalité que désigne le mot (ce qu'il signifie) par la seule force des sonorités qu'il comporte. Elle est une alliance du sens et du son. Dans ce vers de Victor Hugo :

> Elle écoute… Un bruit sourd frappe les sourds échos
>
> (*Les Orientales*, 1829, « Clair de lune »),

les voyelles graves et sombres traduisent musicalement l'assourdissement de l'écho.

S'ils ont une forme, les mots ont aussi une histoire : celle de leur origine – qui est le domaine de l'*étymologie*[25] ; de leur transformation orthographique au cours des siècles – qui relève de la *morphologie*[26]; et de l'évolution de leurs significations – qui renvoie à la *sémantique*[27].

De cette histoire, le poète peut tirer des effets significatifs. Certains poèmes de Francis Ponge sont ainsi un voyage à travers l'épaisseur sémantique des mots, un retour à leurs sources, oubliées ou perdues.

> Les ombelles ne font pas d'ombre, mais de l'ombe
>
> (*Le Parti pris des choses*, 1942, « Les Ombelles »),

écrit-il. Les *ombelles* sont des fleurs. L'*ombrelle* est un petit parasol, destiné à faire de l'« ombre ». Mais *ombelle, ombrelle, ombre* proviennent du même mot latin *umbrella,* lui-même diminutif de *umbra.*

25. L'*étymologie* est l'étude de l'origine des mots.
26. La *morphologie* est l'étude de la formation des mots.
27. La *sémantique* est l'étude du sens des mots.

La disparition de la consonne *r* au XVIIIe siècle a, depuis, permis de distinguer le nom de la fleur de celui de l'objet.

Même quand elle use de la prose, la poésie se différencie de la prose, non pas parce qu'elle dit mieux les choses ou avec plus d'élégance, mais parce qu'elle dit plus et autrement.

Parce qu'elle crée sa forme

Reste pourtant une évidence, capitale. Que ce soit en prose ou en vers, le poème s'écrit. Il dispose les mots sur la page imprimée, comme un peintre dispose les formes et les couleurs sur la toile. Cette répartition des mots sur la page revêt elle-même un sens.

Le calligramme* est l'exemple même de cette forme qui devient sens. Il s'agit d'un poème où les mots, les vers ou les phrases sont assemblés de manière à figurer l'objet qu'il évoque. Apollinaire en a composé tout un recueil[28].

Le calligramme est certes un jeu, mais il rompt avec la disposition traditionnelle des lignes sur la page imprimée. Ce faisant, il modifie les habitudes de la lecture, il impose au regard une forme, qui oblige à voir les mots différemment de ce qu'ils sont dans l'usage quotidien.

Même si le calligramme peut être considéré comme un cas limite, la disposition typographique n'en demeure pas moins importante dans la versification, comme par exemple dans cette strophe d'Apollinaire :

> Sous le pont Mirabeau coule la Seine
>   Et nos amours
>   Faut-il qu'il m'en souvienne
> La joie venait toujours après la peine
>
>   Vienne la nuit sonne l'heure
>   Les jours s'en vont je demeure

(*Alcools*, 1913, « Le Pont Mirabeau ».)

La musicalité de cette strophe du « Pont Mirabeau » tient à la disposition des mots sur la page. Si on les modifie, le poème perd sa force émotive. À vrai dire, il cesse d'être poème.

---

28. Apollinaire publie *Calligrammes* en 1918.

Définir la poésie par la versification, c'est la réduire à un simple procédé d'écriture. Un versificateur n'est pas automatiquement un poète ! L'ambition et l'essence de la poésie sont plus hautes et plus vastes. Comme l'écrit Octavio Paz : « La création poétique est d'abord violence faite au langage. Son premier acte est de déraciner les mots[29] ». La versification n'est dès lors qu'un outil parmi d'autres, au service du renouvellement du langage.

29. Octavio Paz, *L'Arc et la lyre*, Éd. Gallimard, 1965, p. 13.

3 À quoi sert la poésie ?

À l'heure d'Internet et des prouesses techniques de toutes sortes, écrire ou lire des poèmes peut sembler une activité dérisoire. En effet, à quoi cela sert-il ? Le poète est souvent perçu comme un rêveur, coupé du monde et des réalités. Le lecteur de poèmes est, quant à lui, assimilé à un sentimental, plus ou moins ridicule. La poésie, notamment moderne, serait devenue incompréhensible pour le plus grand nombre. Sur le fond, ces griefs ne sont pas nouveaux : au XVIIIe siècle, Voltaire s'interrogeait déjà sur la place de la poésie dans la société[1].

Pourtant de tels reproches relèvent davantage d'une méconnaissance de la poésie que d'un procès instruit en raison. Tout au long de son histoire, la poésie n'a cessé de remplir une triple fonction : sociale et politique, spirituelle et philosophique, ludique et émotive.

UNE FONCTION SOCIALE ET POLITIQUE

Originellement, la poésie fut un outil favorisant la transmission des connaissances : elle fut à ce titre « la mémoire des peuples[2] ». Elle les a guidés également en définissant des idéaux. Elle a enfin été mise au service d'engagements politiques.

---

1. « On se demande comment la poésie, étant si peu nécessaire au monde, occupe un si haut rang parmi les beaux-arts », écrit-il dans son *Dictionnaire philosophique*.
2. Georges Jean, *La Poésie*, Éd. du Seuil, coll. « Peuple et culture », 1966, p. 29.

« La mémoire des peuples »

Dans les cultures de tradition orale, la poésie a d'abord été un outil mnémotechnique[3]. Quand l'écriture n'existait pas, la poésie facilitait la transmission de récits qui assuraient la cohésion de l'identité d'une communauté. Par la régularité de son rythme, par le retour de la rime* ou des assonances*, le vers, quelle que soit sa nature[4], rend la mémorisation plus aisée.

C'est ainsi que se sont perpétués les mythes. Ils ont d'abord été une parole, reprise de génération en génération, avant d'être fixés par écrit. Sans remonter à la plus haute antiquité, l'épopée* médiévale française a connu une évolution similaire. Récitée par des troubadours s'accompagnant à la lyre[5], elle fut un genre oral avant d'être un genre écrit. À ce titre, la poésie fut « la mémoire des peuples sans écriture[6] ».

L'apparition et la diffusion de l'écriture ont réduit cette fonction primitive de la poésie. Toutefois, elles ne l'ont pas fait disparaître. Preuves en sont les proverbes que nous retenons presque à notre insu... et dont nous avons oublié qu'ils proviennent de textes versifiés.

« Tel qui rit vendredi dimanche pleurera » est, par exemple, un vers des *Plaideurs* (I, 1, v. 2) de Racine[7]. On lit de même dans *Les Chants du crépuscule* de Victor Hugo :

> L'avenir n'est à personne,
> [...] l'avenir est à Dieu[8].

Tout acteur de théâtre sait bien que des vers sont plus faciles à retenir qu'un texte en prose.

---

3. *Mnémotechnique* : ce qui aide la mémoire par des procédés faciles à retenir.
4. Le vers français n'apparaît qu'au XIe siècle. Mais les Grecs et les Latins avaient eux aussi leurs propres vers, définis non par le nombre de syllabes, mais par le nombre de *pieds*. Un *pied* comporte plusieurs syllabes.
5. La *lyre* est un instrument de musique. Sur son nom a été formé le mot de *lyrisme* pour désigner les poèmes qui, à l'origine, étaient chantés.
6. Georges Jean, *La Poésie, op. cit.*, p. 29.
7. *Les Plaideurs* sont la seule comédie que Racine ait écrite et fait jouer en 1668.
8. *Les Chants du crépuscule* (1835), « Napoléon II ».

Le guide des peuples

Parce qu'elle exprime les aspirations du cœur et qu'elle explore le monde des idées, la poésie s'est assigné une mission sociale et politique, notamment avec le romantisme[9] au XIXe siècle. L'œuvre poétique de Lamartine ou de Victor Hugo est inséparable des transformations politiques de leur époque ainsi que du combat démocratique et républicain. Dans *Destinées de la poésie,* Lamartine écrit :

> La poésie sera de la raison chantée, voilà sa destinée pour longtemps ; elle sera philosophique, religieuse, politique, sociale, comme les époques que le genre humain va accomplir[10].

Dans *Les Rayons et les Ombres* (1840), Hugo insiste, de son côté, sur la mission civilisatrice de la poésie. Celle-ci a le devoir de défendre et de répandre les idéaux de justice, de vérité et de solidarité. Dès lors,

> Le poète en des jours impies
> Vient préparer des jours meilleurs.
> Il est l'homme des utopies[11].
> [...]
> Peuples ! écoutez le poète !
> Écoutez le rêveur sacré !
>
> (*Les Rayons et les Ombres*, 1840, « Fonction du poète ».)

Dans la conception hugolienne, la poésie dévoile ce que doit être l'avenir. Le poète devient un mage ou un prophète qui éclaire la route et guide les nations vers le progrès.

Un engagement politique

De la poésie civilisatrice à la poésie engagée, il n'y a qu'un pas, que certains grands poètes ont franchi. L'immense poème des *Châtiments* de Victor Hugo (1853) est une satire violente et ironique

9. Voir chapitre 11, p. 117-118.
10. Écrit en 1834, *Destinées de la poésie* est d'abord un article, que Lamartine intègre ensuite en 1849 dans la seconde préface de ses *Méditations*.
11. *Utopie* : idéal politique et social si parfait qu'il semble à jamais inaccessible.

contre Napoléon III, coupable, aux yeux de l'auteur, d'avoir mis fin à la Seconde République par un coup d'État meurtrier pour instaurer le Second Empire[12]. Hugo clame son chagrin, sa colère, son amour de la liberté et son espoir en des temps meilleurs. L'exil[13] auquel il se résout, durera, écrit-il,

> Tant qu'il *[Napoléon III]* se vautrera, broyant dans ses mâchoires
> Le serment, la vertu, l'honneur religieux,
> Ivre, affreux, vomissant sa honte sur nos gloires;
> Tant qu'on verra cela sous le soleil des cieux
>
> (*Les Châtiments,* 1853, « Ultima verba ».)

Répandus clandestinement en France, *Les Châtiments* galvaniseront l'opposition républicaine à Napoléon III.

Au XXe siècle, des poètes comme Paul Eluard (1895-1952) ou Louis Aragon (1897-1982) mettent leur talent poétique au service du communisme. Dans l'entre-deux-guerres, le surréalisme[14] se propose, par la libération des forces de l'inconscient, de détruire l'ordre social, qu'il juge bourgeois et capitaliste. C'est la poésie pour la révolution.

La résistance contre l'occupant allemand a rallié dans ses rangs des poètes dont les œuvres ont maintenu la flamme de l'espoir. En 1942, Eluard publie *Poésie et vérité,* qui contient le célèbre poème « Liberté » :

> Sur mes cahiers d'écolier
> Sur mon pupitre et les arbres
> Sur le sable sur la neige
> J'écris ton nom.

Robert Desnos (1900-1945) s'engage dans la clandestinité et fait paraître en 1942 *Le Veilleur du Pont-au-Change* qui appelle au sursaut :

> Je suis le veilleur du Pont-au-Change
> Veillant au cœur de Paris, dans la rumeur grandissante
> Où je reconnais les cauchemars paniques de l'ennemi

---

12. Par le coup d'État du 2 décembre 1851, Napoléon III transforme la Seconde République en Empire.
13. Hugo s'exile volontairement à la suite du coup d'État de Napoléon III. Il ne rentrera en France qu'à la chute du Second Empire, en 1870.
14. Sur le surréalisme, voir chapitre 13.

Les cris de victoire de nos amis et ceux des Français,
Les cris de souffrances de nos frères torturés par les Allemands
[d'Hitler.

Cette poésie engagée a toujours existé. Les *Discours* de Ronsard plaidaient en faveur de la fin des guerres de religion qui opposèrent, dans la seconde moitié du XVIe siècle, les catholiques aux protestants[15]. *Les Tragiques* d'Agrippa d'Aubigné[16] (1616) sont, de même, un cri en faveur des protestants persécutés.

UNE FONCTION SPIRITUELLE ET PHILOSOPHIQUE

Quand elle s'affranchit des tragédies de l'Histoire, la poésie peut devenir un instrument de connaissance. Elle est source de méditation et de réflexion : elle permet, chez les croyants, d'approcher l'au-delà ; pour les autres, elle est un moyen d'explorer l'inconscient.

Une source de méditation et de réflexion

La rigueur et la densité de l'écriture poétique se prêtent à la formulation des idées. Depuis l'Antiquité existe une poésie philosophique. Le *De natura rerum* (« De la nature des choses ») du poète latin Lucrèce expose ainsi les théories matérialistes d'Épicure[17]. Il ne s'agit pas de mettre en vers une théorie ou une explication du monde, mais d'en condenser le sens, de la rendre à la fois plus accessible et plus frappante.

Pour Alfred de Vigny (1797-1863), les contraintes formelles de la poésie stimulent la vie de l'esprit :

Poésie ! ô trésor ! perle de la pensée
(*Les Destinées*, « La Maison du Berger ».)

---

15. Ces *Discours* de Ronsard sont de longs poèmes en alexandrins. Le plus célèbre d'entre eux est le *Discours des misères de ce temps* (1562). Tout en se rangeant dans le camp des catholiques, Ronsard déplore les horreurs de la guerre civile.
16. *Les Tragiques* sont l'exemple même de la poésie engagée. Ce très long poème divisé en sept livres est un cri de haine et de malédiction contre les catholiques.
17. Philosophe grec (311-270 av. J.-C.), Épicure est le fondateur de l'épicurisme. C'est une doctrine selon laquelle, pour être heureux, il faut d'abord fuir la douleur et bien se connaître. L'idée profonde d'Épicure est que l'âme ne survit pas à la mort. Sa théorie est à la fois athée et matérialiste : pour lui, tout est matière, même l'esprit.

Son vaste poème des *Destinées*[18] pose le problème de la condition de l'homme, confronté à la souffrance et à la mort, cherchant à tâtons le sens de la vie. Pour éviter toute sécheresse du propos, Vigny recourt au symbole[19], qui donne à l'idée un caractère puissant et concret.

« La Mort du loup », par exemple, relate une scène de chasse. Après avoir longtemps résisté, le loup comprend que sa fin est proche. Alors il fait face aux chasseurs, les fixe, sans faiblir, de son regard et courageusement « meurt sans jeter un cri ». Pour Vigny, l'animal traqué est l'image même de l'homme, traqué lui aussi par le sort ou la fatalité. Qu'il soit donc stoïque[20], comme le loup qui semble lui dire :

> Gémir, pleurer, prier est également lâche.
> Fais énergiquement ta longue et lourde tâche,
> Dans la voie où le sort a voulu t'appeler,
> Puis, après comme moi, souffre et meurs sans parler.
>
> (*Les Destinées,* « La Mort du loup ».)

C'est là l'expression parfaite du stoïcisme dont ces quelques vers condensent l'essentiel.

Une approche de l'au-delà

Tout un courant de la poésie repose par ailleurs sur la certitude que le réel ne se réduit pas à ce que nous en savons ou voyons, et qu'il n'est pas uniquement fait de matière. Sous le monde réel et au-delà de lui existe un monde idéal qu'il appartient à la poésie de dévoiler, ou du moins de suggérer.

Entre le matériel et le spirituel, Baudelaire établit des « correspondances » – nom qu'il donne à l'un de ses poèmes majeurs des *Fleurs du mal* :

---

18. Ce long recueil de poèmes a été écrit par Vigny entre 1838 et 1863. Sa publication, posthume, date de 1864.

19. Un *symbole* est une représentation concrète (par un objet, un personnage, un animal…) d'une réalité morale, invisible et abstraite.

20. Le stoïcisme est la doctrine du philosophe Zénon de Citium (340-263 av. J.-C.). Pour celui-ci, vivre heureux et sage est uniquement une question de raison et de volonté. Quant à l'adversité, il convient de la supporter courageusement.

La Nature est un temple où de vivants piliers
Laissent parfois sortir de confuses paroles
L'homme y passe à travers des forêts de symboles
Qui l'observent avec des regards familiers.
(*Les Fleurs du mal,* 1861, « Correspondances ».)

Pour pénétrer ce mystère qui nous entoure, Baudelaire recourt à la technique des synesthésies*, c'est-à-dire à l'harmonie secrète de nos sens (l'ouïe, l'odorat, le toucher...), car

Les parfums, les couleurs et les sons se répondent (*ibid.*).

Au poète d'inventer les mots et les images les mieux à même de faire sentir la présence de cet autre monde. C'est toute l'ambition du symbolisme.

Verlaine (1844-1896) privilégie la musique et l'harmonie du vers pour traduire cette aspiration à l'absolu :

Je fais souvent ce rêve étrange et pénétrant
D'une femme inconnue, et que j'aime, et qui m'aime,
Et qui n'est, chaque fois, ni tout à fait la même
Ni tout à fait une autre, et m'aime et me comprend.
(*Poèmes saturniens,* 1866, « Mon rêve familier ».)

Le symbolisme est une mystique[21], parce qu'il postule l'existence d'un au-delà ou d'un surréel. Aussi n'est-il pas surprenant que, poursuivant dans cette voie, des poètes considèrent que leur art est une approche ou une découverte de Dieu.

Paul Claudel (1868-1955) conçoit la poésie comme une forme de prière. Ses *Cinq Grandes Odes** (1910) veulent retrouver le souffle et l'image de la Bible, comme si le poète avait pour vocation de redire la Parole de Dieu et de recommencer l'acte de la Création. C'est pourquoi il utilise le verset*, comme dans la Bible :

Mon Dieu qui connaissez chaque homme avant qu'il ne naisse par son nom,
Souvenez-vous de moi alors que j'étais caché dans la fissure de la montagne

21. Une *mystique* est une croyance religieuse, intensément vécue.

Là où jaillissent les sources d'eau bouillante et de ma main sur la paroi colossale de marbre blanc !

(*Cinq Grandes Odes*, 1910, « L'Esprit et l'Eau ».)

En délivrant les mots de leur fonction habituelle et utilitaire, le poète dégage leurs ressources latentes, il leur découvre des significations plus larges que celles qu'ils ont ordinairement. La poésie devient dès lors *re-création* et retour vers Dieu.

Une exploration de l'inconscient

Enfin, chez les poètes athées, la poésie peut être un moyen d'explorer cet inconnu qu'est l'homme. L'écriture automatique*, chère au surréalisme*, entend, par exemple, traduire l'inconscient grâce au langage.

Dans la vie courante, les mots que tout un chacun utilise obéissent à une organisation logique, *grammaticale,* ainsi qu'à des codes sociaux : on ne dit pas n'importe quoi n'importe comment à n'importe qui en n'importe quel lieu. Or ce carcan logique et de convenances qui enserre le langage enserre aussi la pensée, l'activité psychique[22]. En dehors des mots, en effet, il n'y a pas de pensée. Si on n'utilise le langage que selon des schémas rationnels, seule la pensée rationnelle se manifeste. Mais la pensée rationnelle est-elle toute la pensée ?

Le surréalisme ne le croit pas. Aussi tente-t-il, en privilégiant les états seconds tels que l'hypnose, le rêve ou les simulations de délire, d'enregistrer « soit verbalement soit par écrit » la pensée et les mots tels qu'ils se présentent, c'est-à-dire « en l'absence de tout contrôle exercé par la raison, en dehors de toute préoccupation esthétique ou morale[23] ». C'est à une exploration de l'inconscient que conduit ainsi l'écriture automatique*.

Les résultats en sont parfois déroutants. Mais certains sont étonnants. Comment, par exemple, ne pas rester songeur devant cette

22. *Activité psychique* : activité de l'esprit et des processus mentaux.
23. André Breton, *Manifeste du surréalisme,* 1924.

image : « Pneus patte de velours » ? Comment fonctionne donc notre pensée quand la raison ne la contrôle plus ?

UNE FONCTION LUDIQUE ET ÉMOTIVE

À ces théories et à ces formes de poésie parfois complexes, on demeure toujours libre d'en préférer d'autres plus simples. Depuis toujours la poésie favorise le rêve et engendre l'émotion. Elle peut être aussi une forme de jeu avec le langage. Ce sont autant de plaisirs simples qu'il ne convient pas de mépriser.

Rêve, émotion et sensibilité

L'utilité de la poésie réside… dans ce qu'elle n'en a pas – ou, plus exactement, dans ce qu'elle n'a aucune utilité pratique, technique, matérielle. Malgré son apparence paradoxale, l'argument ne déconsidère ni ne dévalorise la poésie. Au contraire ! Quelle est en effet l'*utilité* de la beauté ? À quoi *sert* de rêver ? d'être ému ? Un poème n'a certes jamais changé le monde. Mais il peut le transfigurer, le rendre plus léger, plus habitable. C'est l'utilité de l'inutilité, cette chose si nécessaire à l'existence.

Tant qu'un seul vers sera capable d'émouvoir son lecteur, la poésie remplira sa mission. L'un sera touché par un poème d'amour. Un autre sera bouleversé par un cri de douleur, dans lequel il reconnaîtra sa propre souffrance. Qui peut mieux qu'un poète – ou qu'une chanson qui est aussi une forme de poésie[24] – dire l'angoisse devant la fuite du temps ?

> Ainsi, toujours poussés vers de nouveaux rivages,
> Dans la nuit éternelle emportés sans retour
> Ne pourrons-nous jamais sur l'océan des âges
> Jeter l'ancre un seul jour ?
> (Lamartine, *Méditations poétiques*, 1820, « Le Lac »),

ou le bonheur d'aimer, de vivre :

---

24. Sur la poésie et la chanson, voir le chapitre 8.

Nous étions faits pour être libres
Nous étions faits pour être heureux
Comme la vitre pour le givre
Et les vêpres pour les aveux
Comme la grive pour être ivre

(Aragon, *Elsa*, 1959, « Un homme passe... ».)

Un autre encore sera séduit par la musique d'un vers, ou il sera frappé par une comparaison* ou une métaphore*. Est-il besoin d'expliquer cette strophe de Verlaine pour en saisir l'harmonie :

Le ciel est par dessus le toit
Si bleu, si calme
Un arbre, par-dessus le toit,
Berce sa palme

(*Sagesse*, 1881.)

La poésie est plaisir, émotion. C'est Claudel qui écrivait en 1927 : « En un mot la poésie ne peut exister sans l'émotion ou, si l'on veut, sans un mouvement de l'âme qui règle celui des paroles[25] ». Cela seul suffirait à la justifier.

Jouer avec les mots

Comment, enfin, ne pas tenir compte du plaisir ludique que procure la poésie? Les mots sont des jouets. Il est possible de les assembler en fonction de leurs sonorités, de leur complémentarité, de les unir en bonne logique ou contre toute logique.

On peut s'amuser à les faire tourbillonner comme dans ce poème de Max Jacob (1876-1944), où les mots et les rimes s'appellent les uns les autres :

Avenue du Maine

Les manèges déménagent.
Manèges, ménageries, où?... et pour quels voyages?
Moi, qui suis en ménage
Depuis... ah! y a bel âge!

25. « Lettre à l'abbé Brémond sur l'inspiration poétique » (1927), *in Positions et propositions*.

De vous goûter, manèges
Je n'ai plus… que n'ai-je ?...
L'âge
(*Les Œuvres burlesques et mystiques du frère Martorel*, 1912.)

En 1960, Raymond Queneau (1903-1976) fonde le groupe de l'OULIPO, sigle désignant l'« Ouvroir de Littérature Potentielle[26] ». Les Oulipiens combinent les mots selon des structures et des lois mathématiques, ou recourent à la création assistée par ordinateur.

L'exemple le plus connu est la méthode de S + 7 : elle consiste à remplacer chaque mot clé d'une phrase par le septième mot qui le suit dans un dictionnaire. Avec cette méthode, Raymond Queneau a « réécrit » la fable de La Fontaine, « La Cigale et la Fourmi » qui devient « La Cimaise et la Fraction ».

La comparaison des deux textes fait ressortir la fantaisie du procédé :

La Fontaine, « La Cigale
et la Fourmi » (*Fables*, livre I, 1) :

La Cigale, ayant chanté tout l'été,
Se trouva fort dépourvue
Quand la bise fut venue.
Pas un seul petit morceau
De mousse ou de vermisseau.
Elle alla crier famine
Chez la Fourmi sa voisine,
La priant de lui prêter
Quelque grain pour subsister
Jusqu'à la saison nouvelle [...].

R. Queneau, « La Cimaise
et la Fraction »
(*Oulipo, la littérature potentielle*,
Gallimard, 1973) :

La cimaise a yant chaponné tout
[l'éternueur
Se trouva fort dépurative
[quand la bixacée fut verdie.
Pas un sexué pétrographique morio
[de moufflette ou de verrat
Elle alla crocher frange
Chez la fraction sa volcanique
La processionnant de lui primer
Quelque gramen pour succomber
Jusqu'à la salanque nucléaire [...].

Ne cherchons pas à donner une importance excessive à ce jeu verbal. Comme beaucoup de jeux, il est gratuit et ne trouve sa justification que dans l'amusement qu'il engendre. Parce qu'elle est d'abord et avant tout travail sur le langage, la poésie réside aussi dans les acrobaties effectuées avec et par les mots.

---

26. Un *ouvroir* est en principe le lieu réservé aux ouvrages de couture dans une communauté féminine.

L'utilité de la poésie est donc réelle. Et elle est variée. À chacun, selon son inclination ou son tempérament, de choisir sa forme de poésie. Il y en a pour tous les goûts. À la seule condition de prêter attention au langage, de le considérer non comme allant de soi, mais de le traiter comme un objet que l'on peut pétrir à sa guise pour davantage émouvoir, pour mieux méditer et pour simplement s'amuser. Ces amateurs de mots, sans être innombrables, sont plus nombreux qu'on ne l'imagine. Chaque grand quotidien ou hebdomadaire possède ses pages ou son supplément littéraires : des poètes modernes s'y font entendre. À Paris existe une « Maison de la poésie ». Chaque année se déroule en France une « Semaine de la poésie ». La poésie continue de fasciner et d'étonner ceux qui font l'effort de s'y adonner ou de la lire.

4 La poésie : un domaine devenu illimité ?

« Tout a droit de cité en poésie », écrivait Victor Hugo dans la préface de son recueil des *Orientales* (1829). C'était affirmer l'absolue liberté du poète, à qui aucun sujet n'est interdit. C'était aussi faire sortir la poésie des domaines du rêve et du sentiment, où traditionnellement le grand public la cantonne.

À la parcourir, l'histoire de la poésie donne amplement raison à l'auteur des *Orientales*. Depuis le XIXe siècle surtout, la poésie explore tous les champs du réel, du possible et même de l'imaginaire. Elle revêt une infinie variété de formes et de sujets. Si naturelle qu'elle puisse paraître de nos jours, cette liberté ne doit pas faire oublier qu'elle a été le fruit d'une lente et patiente conquête. Elle est une condamnation implicite des catégories et des genres qui enfermeraient la poésie dans un univers qui lui serait propre, comme pour mieux l'isoler ou la marginaliser. Si la poésie ne connaît plus de frontières, c'est qu'elle est devenue une aventure toujours renouvelée.

UNE INFINIE VARIÉTÉ DE FORMES ET DE SUJETS

Délimiter le domaine de la poésie relève de l'impossible. Il existe en effet autant de formes poétiques que de poètes. Leur nature, leurs registres, leurs moyens d'expression sont d'une extrême diversité.

Une diversité de nature

La poésie lyrique est sans doute le mieux connu de tous les genres poétiques. L'amour, la mort, le vieillissement sont des thèmes permanents de la poésie. Depuis *Les Amours* de Ronsard, célébrant

Cassandre, Marie, puis Hélène[1], jusqu'à Paul Eluard (1895-1952), intitulant précisément l'un de ses recueils : *L'Amour la poésie* (1929) ; depuis « Le Lac » de Lamartine[2] jusqu'au *Fou d'Elsa* d'Aragon[3], la passion amoureuse, avec ses espoirs, ses bonheurs et ses souffrances est une source d'inspiration presque éternelle.

La poésie a pourtant exploré bien d'autres territoires que ceux du cœur humain. Elle est interrogation philosophique dans *Les Destinées* d'Alfred de Vigny (1864), où celui-ci réfléchit sur les rapports de la liberté et de la fatalité. *La Légende des siècles* de Victor Hugo (1859-1883) retrace l'histoire de l'humanité : « J'ai voulu peindre, écrit Hugo dans sa préface, l'humanité successivement et simultanément sous tous ses aspects, histoire, fable, philosophie, religion, science ».

Tournée vers le passé et l'analyse psychologique, la poésie l'est aussi vers le présent et le monde extérieur. Baudelaire se veut le chantre de la modernité. La seconde section des *Fleurs du mal* (1857), intitulée « Tableaux parisiens », est une flânerie nostalgique, inquiète, émerveillée, dans la capitale. Dans *Les Villes tentaculaires* (1895), Émile Verhaeren (1855-1916) évoque l'expansion de l'univers industriel. « Zone » d'Apollinaire chante la beauté du quotidien :

> À la fin tu es las de ce monde ancien
> Bergère ô tour Eiffel le troupeau des ponts bêle ce matin
> Tu en as assez de vivre dans l'antiquité grecque et romaine [...]
>
> (*Alcools*, « Zone », 1913.)

Dans *La Prose du Transsibérien* (1913), Blaise Cendrars évoque les bars, la publicité, la vitesse du monde moderne.

De nos jours, Andrée Chedid, d'origine égyptienne, renoue avec la poésie historique ou d'actualité, en évoquant les tourments de notre époque et les déchirures du Moyen-Orient :

---

1. *Les Amours de Cassandre* paraissent en 1552 ; *Les Amours de Marie* en 1555 et 1556 ; *Les Sonnets* pour Hélène en 1578. Les sonnets qui composent ces trois recueils analysent toutes les facettes de la passion amoureuse.
2. Poème du désespoir amoureux, consécutif à la mort de la femme aimée, « Le Lac » est le plus célèbre des poèmes figurant dans *Les Méditations poétiques* (1820).
3. Louis Aragon (1897-1982) n'a cessé de chanter sa passion pour Elsa Triolet, qu'il rencontra en 1928.

Désespérément égorgez l'espoir, mes frères
Dépecez l'espérance jusqu'à l'os !
La vengeance fut votre trappe
La haine votre guet-apens
Mais qui mena le jeu ?
Et qui vous a armés ?

(*Cérémonial de la violence*, Éd. Flammarion, 1978.)

Avec le surréalisme[4], la poésie explore le monde du rêve et de l'inconscient.

Une diversité de registres

Il en va de même des registres, dont la variété est infinie.

La poésie peut s'épanouir dans la satire. Les *Satires* de Boileau traitent aussi bien des embarras de Paris (*Satire VI,* 1666) que du mariage ou de la frivolité de certaines femmes (*Satire X,* 1694). *Les Châtiments* de Hugo (1853) sont une vaste fresque satirique de six mille vers contre Napoléon III.

L'éloge est, à l'inverse, possible. Dans le poème liminaire des *Voix intérieures* (1837), Hugo célèbre son époque :

Ce siècle est grand et fort. Un noble instinct le mène.
Partout on voit marcher l'Idée en mission ;
Et le bruit du travail, plein de parole humaine,
Se mêle au bruit divin de la création.

Quoique d'un souffle et d'un registre différents, *Éloges* est le titre d'un recueil que Saint-John Perse (1887-1975) a publié en 1911. Né à la Guadeloupe, l'auteur ressuscite la communion que, jeune enfant, il savourait avec la nature antillaise :

Palmes… ! [...]
Et les hautes
racines courbes célébraient
l'en allée des voie prodigieuses, l'invention des voûtes et des nefs,
et la lumière alors, en de plus purs exploits féconde,
inaugurait le blanc royaume où j'ai mené peut-être un corps sans ombre [...].

4. Sur le surréalisme, voir le chapitre 13.

La poésie peut encore revêtir l'aspect de l'épopée*. C'est le cas de *La Légende des siècles* de Victor Hugo.

La confidence est également son domaine. Malgré son titre, *Le Roman inachevé* (1956), de Louis Aragon, n'est pas une œuvre romanesque. C'est un long poème dans lequel Aragon narre sa rencontre avec Elsa Triolet et où il célèbre leur amour passionné :

> Tu m'as trouvé dans la nuit comme une parole irréparable
> Comme un vagabond pour dormir qui s'était couché dans l'étable
> Comme un chien qui porte un collier aux initiales d'autrui
> Un homme des jours d'autrefois empli de fureur et de bruit.

Diverse par ses thèmes, la poésie l'est tout autant par ses registres.

Une diversité de moyens d'expression

Enfin les moyens d'expression de la poésie sont très variés, presque aussi illimités que les domaines dans lesquels elle s'aventure.

Pendant des siècles, la poésie s'est confondue avec l'usage du vers. Même si l'émotion ne provient pas exclusivement de la versification, on imaginait mal qu'un poème ne fût pas écrit en alexandrins*, en décasyllabes* ou en octosyllabes*.

Tel n'est plus le cas depuis le XIXe siècle. La naissance du poème en prose* bouleverse l'écriture poétique traditionnelle. Ainsi que le constate Baudelaire dans sa préface au *Spleen de Paris* (également appelé *Petits poèmes en prose*) :

> Quel est celui qui n'a pas, dans ses jours d'ambition, rêvé le miracle d'une prose poétique, musicale sans rythme et sans rime, assez souple et assez heurtée pour s'adapter aux mouvements lyriques de l'âme, aux ondulations de la rêverie, aux soubresauts de la conscience[5] ?

La poésie moderne préfère travailler sur les rythmes, la place, le choix et la sonorité des mots que sur le vers en tant que tel.

---

5. Voir aussi, pour plus de détails, le chapitre 2 p. 20-21.

L'invention du vers libre* atteste d'ailleurs que l'écriture poétique peut se diversifier à l'extrême. Elle peut se couler dans le vers, le briser ou l'allonger, recourir à la prose. La frontière ne se situe plus entre la prose et le vers, mais entre la fonction utilitaire du langage et sa force de suggestion, d'évocation et de fascination.

Si, tout simplement, on se réfère à la définition que le dictionnaire Littré donne de la poésie, on lit :

> [La poésie] : « Qualités qui caractérisent les bons vers, et qui peuvent se trouver ailleurs que dans les vers [...]. Se dit de tout ce qu'il y a d'élevé, de touchant, dans une œuvre d'art, dans le caractère ou la beauté d'une personne, et même d'une production naturelle ».

Une telle définition agrandit à l'infini l'horizon de la poésie.

UNE CONDAMNATION DES CATÉGORIES ET DES GENRES

En investissant tous les domaines, la poésie refuse, par le fait même, de se laisser enfermer dans une spécialité ou un univers particulier : aux XIXe et XXe siècles, elle ne se limite plus à de « beaux » sujets, évoqués en une « belle langue » et dans des formes spécifiques.

Le rejet des beaux sujets

Longtemps la poésie a été considérée comme le genre littéraire le plus noble qui fût. Usant d'une langue recherchée, elle ne pouvait traiter que de sujets exceptionnels ou choisis. Le XVIIe siècle pratique par exemple la poésie dite officielle ou d'apparat, à la gloire des grands de ce monde[6]. Sous l'influence de la préciosité[7], nombre d'œuvres, brillantes et mondaines, chantent ou définissent un art de vivre raffiné, célébrant des amours élégantes et vantant les charmes

6. Cette poésie officielle fait, par exemple, l'éloge du roi. Déjà, au XVIe siècle, Ronsard avait écrit des *Hymnes* vantant la grandeur et la puissance de Charles IX.
7. La *préciosité*, apparue vers 1650, est un mouvement autant moral que littéraire. Pour préserver la dignité de l'être humain, elle condamnait tout ce qui était vulgaire ou grossier. Elle se développa surtout dans les salons aristocratiques.

de conversations spirituelles[8]. Au XVIIIe siècle, la poésie est souvent perçue comme une branche de l'éloquence : c'est un art de bien dire, au service d'une raison claire.

Progressivement, les poètes des XIXe et XXe siècles ont récusé l'idée qu'il existerait des sujets réservés à la poésie. La preuve en est le poème que Baudelaire consacre à une « charogne ». La perfection formelle y contraste avec la description du cadavre en décomposition :

> Le soleil rayonnait sur cette pourriture,
> Comme afin de la cuire à point,
> Et de rendre au centuple à la grande Nature
> Tout ce qu'ensemble elle avait joint ;
>
> (*Les Fleurs du mal*, 1861, « Une charogne ».)

Le titre même de *Fleurs du mal* que Baudelaire donne à son recueil est significatif. S'opposant à ses prédécesseurs qui, explique-t-il, ont choisi « les provinces les plus fleuries du domaine poétique », il se propose d'« extraire la beauté du mal ». C'est dire qu'aucun sujet n'est *a priori* exclu. De là vient l'omniprésence, dans son œuvre, de l'horreur : des villes sales, des êtres dépravés, des vieillards rabougris, des enfants cruels.

Au XXe siècle, Jacques Prévert et Raymond Queneau ont fait descendre la poésie dans la rue[9]. Et quel poète précieux du XVIIe siècle aurait pu imaginer que Francis Ponge consacrerait des poèmes à des « choses » aussi simples qu'un « rocher », qu'un « verre d'eau » ou un « mimosa[10] » ?

---

8. Usant d'une langue recherchée, la poésie précieuse raffinait sur le sentiment amoureux.

9. Jacques Prévert (1900-1977) publie par exemple, en 1946, *Histoires* : ce sont des textes courts sur la vie quotidienne, dans lesquels les mots en liberté évoquent la colère, la tendresse ou la mélancolie.
Chez Raymond Queneau (1903-1976), la poésie est toujours humour et gouaille (voir par exemple *Cent Mille Milliards de poèmes* (1961) ou ses *Exercices de style* (1947).

10. Ce sont des titres de poèmes figurant dans *Le Parti pris des choses* (1942).

Le rejet de la belle langue

Avec les beaux sujets disparaît la belle langue. Trop longtemps, la poésie s'est confondue avec l'art de bien écrire, qui s'appuyait sur un vocabulaire choisi. Aucun mot n'est désormais interdit de séjour en poésie.

Depuis Baudelaire et Hugo, celle-ci s'empare volontiers du vocabulaire technique :

J'ai vu ce matin une jolie rue dont j'ai oublié le nom
Neuve et propre du soleil elle était le clairon
Les directeurs les ouvriers et les belles sténo-dactylographes
Du lundi matin au samedi soir quatre fois par jour y passent
Le matin par trois fois la sirène y gémit
Une cloche rageuse y aboie vers midi
Les inscriptions des enseignes et des murailles
Les plaques les avis à la façon des perroquets criaillent
J'aime la grâce de cette rue industrielle
Située à Paris entre la rue Aumont-Thiéville et l'avenue des [Ternes

(Apollinaire, *Alcools*, 1913, « Zone ».)

Les néologismes et même les mots d'argot ne sont plus rares. Henri Michaux (1899-1984) invente en permanence un langage nouveau, dont le pittoresque, le caractère surprenant, la force d'entraînement et de séduction font l'intérêt :

Enfin il l'écorcobalise.
L'autre hésite, s'espudrine, se défaisse, se torse et se ruine.
C'en sera bientôt fini de lui ;
Il se reprise et s'emmargine… mais en vain[11].

(*Qui je fus*, 1927, « Le grand combat ».)

Non que la poésie cherche à se rapprocher de la prose ordinaire. Mais dès qu'elle se définit comme un travail sur le langage, comme une exploration des ressources du mot[12], on ne voit pas pourquoi tel lexique serait prohibé.

11. Ces « vers » qui font penser à un meurtre sont symboliquement le « combat » du poète contre lui-même qui s'épuise et « se tue » à inventer un nouveau langage.
12. Voir, pour plus de détails, les chapitres 6 et 7.

Le rejet de formes prédéterminées

Longtemps, enfin, la poésie a usé de formes qui lui étaient spécifiques. C'était même ce à quoi on la reconnaissait.

Le Moyen Âge a volontiers pratiqué le rondeau* et la ballade*. Introduit en France à l'aube du XVIe siècle, le sonnet* a connu une longévité exceptionnelle. Instrument favori des poètes de la Pléiade[13], on le retrouve chez Baudelaire et, au XXe siècle, même chez un auteur comme Robert Desnos (1900-1945), pourtant lié aux poètes surréalistes[14]. Mentionnons encore pour mémoire l'ode*, le madrigal*, le pantoum*.... La liste serait presque sans fin.

Or, depuis la révolution poétique intervenue dans la seconde moitié du XIXe siècle[15], on assiste à un éclatement des formes. Le poème ne se confond plus avec une forme prédéterminée, fixée par la tradition et les règles. Le poème crée désormais sa propre forme. Il ne l'emprunte plus à un arsenal de techniques.

À quelle forme, en effet, rattacher *La Prose du Transsibérien* (1913) de Blaise Cendrars ? Comment, dans le registre de la poésie populaire, qualifier le célèbre « inventaire » de Jacques Prévert ?

> une douzaine d'huîtres un citron un pain
> un rayon de soleil
> une lame de fond
> six musiciens
> une porte avec son paillasson
> un monsieur décoré de la Légion d'honneur
> un autre raton laveur

(*Paroles*, 1946, « Inventaire ».)

Les mots s'y appellent dans un désordre humoristique pour dire à la fois la multiplicité du réel et le chaos du monde.

Le poème devient organisation d'une forme, toujours inédite. En ne bornant plus son horizon, la poésie se libère de tous les carcans.

---

13. Les poètes de la Pléiade (notamment Ronsard et Du Bellay) renouvelèrent la poésie du XVIe siècle.
14. Sur le surréalisme, voir le chapitre 13.
15. Voir le chapitre 1.

UNE AVENTURE TOUJOURS RENOUVELÉE

Si le domaine de la poésie se révèle illimité, c'est qu'elle est devenue une aventure. Elle est une exploration de toutes les formes d'inconnus ou de mystères, ainsi que des ressources jamais épuisées du langage.

Une exploration de tous les inconnus

Pour nombre de ceux qui s'y adonnent, la poésie est une quête de l'absolu. Cet absolu peut, selon les cas, changer de nature ou de signification. Mais il est, par définition, sans bornes ni fin.

Rompant avec ce qu'il appelle la « vieillerie poétique[16] », Rimbaud (1854-1891) cherche par un « long, immense et raisonné dérèglement de tous [ses] sens[17] » à fixer des « vertiges » et des « hallucinations » pour parvenir à l'« inconnu ». Son « bateau ivre[18] » brise ainsi ses amarres pour partir à la découverte de l'imprévu et de l'innommable :

> Ô que ma quille éclate ! O ! que j'aille à la mer[19] !

Les *Illuminations* (1886) de Rimbaud opèrent une totale fusion entre le réel et l'imaginaire, qui aboutit à la création d'un univers dont, à l'image de Dieu, il reste maître. Une course dans la fraîcheur d'un matin s'apparente ainsi à la genèse du monde :

> J'ai embrassé l'aube d'été.
> Rien ne bougeait encore au front des palais. L'eau était morte. Les camps d'ombres ne quittaient pas la route du bois. J'ai marché, réveillant les haleines vives et tièdes : et les pierreries regardèrent, et les ailes se levèrent sans bruit.
> La première entreprise fut, dans le sentier déjà empli de frais et blêmes éclats, une fleur qui me dit son nom [...][20].
>
> (*Illuminations*, 1886, « Aube ».)

---

16. « La « vieillerie poétique », c'est-à-dire la poésie traditionnelle.
17. *Lettre du voyant,* 1871.
18. Titre de l'un des plus célèbres poèmes de Rimbaud, paru dans *Poésies* (1871).
19. Ce vers est un appel au naufrage suicidaire.
20. « Au front des palais » traduit la somptuosité du décor ; les « ailes » : comprenons les « ailes » de la nuit.

Certes tous les poètes ne veulent pas se faire « voyants » à l'exemple de Rimbaud, mais beaucoup poursuivent à leur façon un absolu.

Des poètes comme Paul Claudel (1868-1955), Pierre Emmanuel (1916-1984) ou Patrice de La Tour du Pin (1911-1975) voient dans la poésie une quête spirituelle et religieuse. Nommer le monde est pour eux une manière de retrouver la Parole divine, créatrice de l'Univers. « Au commencement était le Verbe », lit-on au début de la Bible (le « Verbe », c'est-à-dire la Parole, Dieu). Ainsi, dans une prière adressée à Dieu, Pierre Emmanuel écrit :

Je n'ai d'autre raison que de dire et de dire
Que Tu es
De dire ce que nul ne veut entendre
Ne sait entendre [...]

(*Jacob*, « Seul Tu es », Éd. du Seuil, 1970.)

Ces liens entre la foi et la poésie ne sont pas nouveaux. En 1830, Lamartine publie ses *Harmonies poétiques et religieuses*, au titre significatif. Hugo compose un poème intitulé « Dieu » (1891). Dans *Les Fleurs du mal* (1857), Baudelaire aspire à un « idéal », qui est peut-être Dieu.

Chacun de ces poètes possède naturellement sa propre expérience spirituelle. Mais on conçoit aisément que cette quête poétique de l'absolu soit une aventure. Quelle que soit la définition que l'on en donne, le mystère a partie liée avec la poésie.

Une exploration du langage

Toutefois, tous les poètes ne sont pas des mystiques. Mais tous ont en commun de travailler sur le langage, et ce travail ne connaît pas davantage de fin.

La poésie naît, en effet, dès lors que l'on prend le parti des mots[21]. On peut s'en servir pour faire naître l'émotion, s'adresser moins à la raison qu'au cœur du lecteur, comme dans la poésie lyrique[22]. On

21. Voir, pour plus de détails, le chapitre 6, p. 67.
22. Voir, pour plus de détails, le chapitre 11.

peut les considérer comme des objets sonores et faire du langage une musique[23]. Rimbaud invente un alphabet des couleurs :

> A noir, E blanc, I rouge, U vert, O bleu [...]
>
> (*Poésies*, 1871, « Voyelles ».)

La création d'images (de comparaisons ou de métaphores) a pour but d'établir des rapports entre des réalités, auxquels on ne songerait pas spontanément. Elles modifient en ce sens notre vision du monde[24]. On peut avec les surréalistes* libérer l'inconscient en court-circuitant le carcan de la logique et de la raison[25]. On peut, plus simplement, jouer avec les mots, les manipuler avec humour et ironie, comme dans ce quatrain où Verlaine les assemble en raison même de leur absurdité :

> Trois petits pâtés, ma chemise brûle.
> Monsieur le curé n'aime pas les as.
> Ma cousine est blonde, elle a nom Ursule,
> Que n'émigrons-nous vers les Palaiseaux !
>
> (*Jadis et naguère*, 1894, « Pantoum négligé ».)

Activité ludique ou sérieuse, le travail sur le langage offre d'infinies possibilités. C'est que le poète ne considère pas les mots comme de simples utilités. Ainsi que l'écrit Sartre :

> L'homme qui parle est au-delà des mots, près de l'objet ; le poète est en-deçà. Pour le premier, ils sont domestiques ; pour le second, ils restent à l'état sauvage. Pour celui-là *[l'homme]*, ce sont des conventions utiles, des outils qui s'usent peu à peu et qu'on jette quand ils ne peuvent plus servir ; pour le second, ce sont des choses naturelles qui croissent naturellement sur la terre comme l'herbe et les arbres.
>
> (J.-P. Sartre, *Qu'est-ce que la littérature ?* 1947.)

Il convient donc d'apprivoiser les mots.

Illimité, le domaine de la poésie l'est en définitive pour des raisons elles-mêmes infinies. C'est qu'il n'existe pas une poésie, mais des

---

23. Voir, pour plus de détails, le chapitre 9, p. 97.
24. Voir chapitre 7, p. 77.
25. Voir chapitre 13.

poésies, dont les thèmes, les moyens d'expressions et même les attentes sont multiples. En cessant d'être un ornement du langage, la poésie a conquis sa liberté. Son univers est devenu celui de tous les possibles.

5 Poésie et inspiration

Comment devient-on poète ? Décide-t-on même de le devenir, comme on décide d'embrasser une profession, artistique ou non ? C'est poser tout le problème de l'inspiration.

Deux grandes théories se sont opposées au cours des siècles à ce sujet. Pour certains, l'inspiration, quelle que soit son origine ou sa nature, est une condition essentielle : il n'y a pas de poésie sans inspiration. Pour d'autres, au contraire, l'inspiration est inutile : seul importe le travail. Ces deux positions sont en réalité trop tranchées, trop extrêmes pour rendre compte de la création poétique. Si l'inspiration semble une condition nécessaire, elle apparaît souvent comme insuffisante.

L'INSPIRATION, SOURCE DE LA POÉSIE

De l'Antiquité à nos jours, une longue tradition présente le poète comme un être inspiré. Mais par qui ou par quoi ? C'est sur la nature de l'inspiration poétique que les interprétations varient. Pour les uns, elle est d'origine divine ; pour d'autres, elle est le fruit d'une sensibilité exacerbée ; pour d'autres encore, elle provient de l'inconscient.

Un don de la divinité

La théorie du poète inspiré des dieux remonte à Platon[1]. Si la poésie, expliquait-il, était exclusivement affaire de travail et de technique

1. Philosophe grec, Platon (vers 428-vers 348 av. J.-C.) a exposé sa conception de la poésie et du poète dans l'un de ses dialogues, intitulé *Ion*.

d'écriture, les poètes excelleraient dans tous les genres littéraires. Or, constatait-il, tel n'est pas le cas. C'est donc qu'une « divinité » « fait entendre sa voix » par l'entremise des poètes.

Cette conception est restée vivace. Étymologiquement, le mot *inspiration* désigne l'insufflation divine qui s'empare du prophète au moment où il prophétise, ainsi que du poète, quand il se met à écrire. Le mot *enthousiasme*, qui sera si cher aux romantiques, traduit de même cette possession divine[2].

C'est à cette origine religieuse de la poésie qu'au XVIe siècle se réfèrent les auteurs de la Pléiade[3]. Du Bellay parle de la « divine ardeur » qui l'anime[4]. Ronsard évoque une « fureur[5] » sacrée.

Le romantisme a beaucoup insisté sur le statut particulier du poète qui fait de lui un intermédiaire entre les dieux et les hommes. Pour Hugo, le poète est « pareil au prophète »,

> Car la poésie est l'étoile
> Qui mène à Dieu rois et pasteurs.
>
> (*Les Rayons et les Ombres* 1840, « Fonction du poète ».)

Au XXe siècle, Paul Claudel développera une conception personnelle de l'inspiration. Pour lui, le poète obéit à une « poussée de l'âme », à une sorte d'excitation rythmique qui lui permet de retrouver le rythme même de la Parole de Dieu[6].

Dans tous les cas, le poète est un être à part, plus ou moins surnaturel, vénéré ou suspecté en raison de son don. Il peut dès lors servir de guide aux nations en leur dévoilant les chemins de l'avenir :

> Peuples ! écoutez le poète !
> Écoutez le rêveur sacré !
> Il rayonne ! il jette sa flamme
> Sur l'éternelle vérité.
>
> (V. Hugo, *Les Rayons et les ombres* 1840, « Fonction du poète ».)

---

2. Au sens premier du terme, *enthousiasme* veut dire « transport divin ». Il est formé à partir du mot *théos* (« dieu »).
3. Nom donné au groupe que formaient, entre autres poètes, Ronsard et Du Bellay.
4. Du Bellay, *Les Regrets* (1528), VI, « Las ! où est maintenant... ».
5. Ronsard, *Hymne à l'automne* (1563).
6. Claudel, « Lettre à l'abbé Brémond sur l'inspiration poétique », *in Positions et propositions*, 1928.

Le fruit d'une sensibilité exacerbée

L'inspiration peut aussi provenir du plus intime de l'individu. Doté par la nature d'une sensibilité plus vive que chez d'autres, le poète est celui qui va puiser dans son expérience personnelle la matière de son art. Non par égocentrisme ou complaisance vis-à-vis de soi, Mais parce qu'en exprimant ses émotions au plus près de leur vérité, il révèle aux autres leurs propres sentiments. Si toute passion est unique, l'amour, lui, est universel. La décrire, c'est le chanter. Car, comme le dit Baudelaire, tous les hommes se ressemblent, même s'ils n'en conviennent pas toujours :

> Hypocrite lecteur – mon semblable –, mon frère !
>
> (*Les Fleurs du mal*, 1857, « Au lecteur ».)

Cette conception lyrique[7] de l'inspiration perdure à travers les siècles. Le romantisme s'en est ouvertement réclamé :

> Ah ! frappe-toi le cœur, c'est là qu'est le génie !
>
> (« À Édouard Bocher », 1830.)

s'écrie Musset, qui donne à ses souffrances personnelles[8] des accents si profonds et si sincères qu'ils prennent une valeur universelle :

> Les plus désespérés sont les chants les plus beaux
>
> (*La Nuit de Mai*, 1835.)

« Le Lac » est l'un des poèmes les plus célèbres de Lamartine et de toute la poésie du XIXe siècle. Né de la mort de la jeune femme aimée, il est le poème de l'inquiétude humaine devant le destin. Avant qu'il soit trop tard,

> Aimons donc, aimons donc ! de l'heure fugitive,
> Hâtons-nous, jouissons !
> L'homme n'a point de port, le temps n'a point de rive
>
> (*Méditations poétiques*, 1820, « Le Lac ».)

7. Le *lyrisme* est l'expression intense de sentiments personnels, dans un style et une forme propres à rendre l'émotion communicative ; voir aussi le chapitre 11.
8. Musset a vécu une passion douloureuse pour George Sand.

Bien qu'elle en soit l'un des thèmes privilégiés, la passion amoureuse n'est pas la seule source de l'inspiration. De nombreux poètes ont tenté de retrouver l'émerveillement de leur enfance devant le monde, entre joies innocentes et fascination de la découverte. Hugo évoque ses jeunes années passées dans le « jardin des Feuillantines », « grand, profond, mystérieux[9] ». Baudelaire rêve du « vert paradis des amours enfantines ».

Les liens sont également étroits entre le rêve et la poésie. Rêver, c'est en effet changer de monde, recréer un univers à sa guise, se laisser porter par son imagination. Tout devient alors possible, comme lorsqu'on joue avec les mots. Le rêve était pour Gérard de Nerval (1808-1855) une « autre vie ». Exemple même de prose poétique*, *Sylvie*[10] retrace la quête d'un bonheur passé, par un retour du narrateur sur les lieux de son enfance. Mais, très vite, on ne sait plus s'il s'agit de souvenirs ressuscités ou de fantasmes[11] et de rêves. L'imaginaire submerge le réel.

En définitive, tout ce qui relève de la sensibilité, de l'expérience vécue, joyeuse ou douloureuse, nourrit l'inspiration.

L'inconscient

Avec André Breton, le surréalisme* localise l'inspiration dans l'inconscient. Elle devient la

> dictée de la pensée en l'absence de tout contrôle exercé par la raison, en dehors de toute préoccupation esthétique ou morale
>
> (*Premier Manifeste du surréalisme*, 1924.)

L'inconscient est le réceptacle des pulsions et des désirs primitifs que les contraintes de la réalité, de l'éducation et de la vie en société refoulent et repoussent. Leur donner libre cours, même passagèrement, c'est accéder à l'authenticité de notre être, retrouver les zones mystérieuses de la vie[12].

---

9. *Les Rayons et les Ombres* (1840), « Ce qui se passait aux Feuillantines vers 1813 ».
10. Parue en 1853, la nouvelle de *Sylvie* sera insérée dans *Les Filles du feu* (1854).
11. *Fantasmes* : représentation imaginaire, plus ou moins obsessionnelle.
12. Sur ce point, voir aussi le chapitre 13.

Aussi le surréalisme* a-t-il multiplié les expériences permettant l'irruption soudaine de l'inconscient, soit par la recherche d'états seconds[13], soit par la pratique de l'*écriture automatique*[14]. Le langage acquiert alors une liberté totale, étant affranchi des règles de la grammaire et du carcan de la raison. Restituer la parole enfouie au fond de l'inconscient devient la mission de la poésie. Comme l'écrit Paul Eluard,

> les conflagrations d'idées, de sentiments, d'objets, la nudité aveugle, les entreprises systématiques à des fins inutiles devenant de première utilité, le dérèglement de la logique jusqu'à l'absurde, l'usage de l'absurde jusqu'à l'indomptable raison, c'est cela – et non l'assemblage plus ou moins savant, plus ou moins heureux des voyelles, des consonnes, des syllabes, des mots – qui contribue à l'harmonie d'un poème.
>
> (*Donner à voir*, 1939, p. 939.)

CONTRE L'INSPIRATION

Si permanentes soient-elles, ces diverses théories de l'inspiration ont été souvent combattues. Plusieurs poètes ont insisté sur la nécessité du travail. Et puis est-il besoin d'être inspiré pour jouer avec les mots?

La nécessité du travail

Lorsqu'au début du XVIIe siècle, Malherbe (1555-1628) réforme la langue française et l'écriture poétique[15], il privilégie la maîtrise technique. Soumettant l'expression à la pensée, il exige rigueur, clarté et harmonie. Dans les alexandrins, il fixe la coupe* à l'hémistiche*. Il réclame des rimes riches, interdisant de faire rimer des mots de la même famille[16]. Pour lui, la poésie n'est pas tant affaire d'inspiration que de travail. Le poète est d'abord un ouvrier du vers.

---

13. Des états seconds obtenus par exemple par l'hypnose ou sous l'effet de drogues.
14. Sur l'écriture automatique, voir aussi le chapitre 13, p. 139.
15. Voir note 8 p. 19.
16. Pour Malherbe, il est par exemple trop facile de faire rimer « tonner » et « étonner ».

Au XIXe siècle, le groupe des poètes parnassiens[17] se montre hostile aux débordements du lyrisme romantique. Leconte de Lisle (1818-1894) condamne toute poésie qui serait confidence. Comme Théophile Gautier (1811-1872) et Théodore de Banville (1823-1891), il pratique « l'art pour l'art », c'est-à-dire un art qui n'a d'autre utilité que lui-même et d'autre justification que la recherche de la beauté. Plus les contraintes et les difficultés sont grandes, plus le poème est beau. Comme Gautier l'écrit à la fin de son recueil d'*Émaux et Camées* (1852),

> Oui, l'œuvre sort plus belle
> D'une forme au travail
> rebelle

(« L'Art ».)

Pour mieux suggérer que la poésie réside avant tout dans un travail sur les mots, sur les rythmes, sur la forme, Théodore de Banville recourt à l'image du sculpteur :

> Sculpteur, cherche avec soin, en attendant l'extase,
> Un marbre sans défaut pour en faire un beau vase ;
> Cherche longtemps sa forme et n'y retrace pas
> D'amours mystérieux ni de divins combats [...]

(*Stalactites*, 1846.)

Le devoir de s'amuser avec les mots

Aucune inspiration n'est en outre nécessaire pour s'amuser avec les mots. Un poète comme Francis Ponge (1899-1988) a toujours manifesté une méfiance instinctive à l'égard des idées, des théories et des sentiments. Cela ne l'a pas empêché d'écrire une œuvre poétique majeure. Toute son attention va aux objets et aux choses les plus simples, à un « cageot », à une « huître », à un « verre d'eau », à un « savon[18] ». Mais ces objets, il les décrit sous toutes leurs facettes, en cherchant l'adéquation la plus parfaite entre les mots et les réalités qu'ils désignent. Voici « Le Savon », dont l'écriture se rétrécit à mesure qu'il est utilisé :

---

17. Sur le Parnasse, voir le chapitre 1, p. 7-8.
18. Ce sont les titres de certains poèmes du *Parti pris des choses* (1942).

Si je m'en frotte les mains, le savon écume, jubile...
Plus il les rend complaisantes, souples,
liantes, ductiles[19], plus il bave, plus
sa rage devient volumineuse et nacrée.
Pierre magnifique !

(*Le Parti pris des choses*, 1942.)

Avec Francis Ponge, la poésie est affaire de mots, choisis en fonction de leurs multiples sens. L'humour et la fantaisie ne sont pas pour autant bannis. Lui-même a forgé le terme d'*objeu*, construit à partir des mots *objet* et *jeu*. C'est une mise en rapport de l'objet, de son nom, et du texte écrit.

Francis Ponge se comporte davantage en explorateur, en spécialiste et parfois en acrobate du langage qu'en poète prophète ou inspiré.

UNE CONDITION NÉCESSAIRE MAIS INSUFFISANTE

Opposer le travail à l'inspiration est sans doute un faux débat. Tous deux sont indispensables à la création poétique. En revanche, il n'est pas indifférent que l'accent soit mis tantôt sur l'un tantôt sur l'autre. Il y va en effet moins de la conception que l'on se fait du poète que de la poésie.

Un faux débat ?

Même les théoriciens qui insistent sur la maîtrise technique admettent la nécessité de l'inspiration. Boileau (1636-1711) souligne dans son *Art poétique* (1674) l'importance du travail :

Vingt fois sur le métier remettez votre ouvrage.
Polissez-le sans cesse et le repolissez.
Ajoutez quelquefois et souvent effacez.

Mais il reconnaît aussi l'existence d'un don :

Si son astre en naissant ne l'a formé poète (*ibid.*)

19. *Ductile* : qui peut être allongé, étiré.

nul ne peut le devenir. Or, qu'il s'agisse d'une prédisposition de la nature, comme le laisse entendre Boileau, ou d'un talent particulier, c'est toujours une forme d'inspiration.

À l'inverse, les romantiques, qui se présentent volontiers comme des êtres inspirés, ne nient pas le rôle du travail, même s'ils le cachent ou le taisent. Prétendre composer une œuvre sous le seul coup de l'inspiration est certes une posture avantageuse. C'est s'ériger en élu des dieux, en génie, en amant parfait ou en malheureux exemplaire. Mais il est difficilement concevable qu'une œuvre puisse être écrite d'un seul jet, sans réflexion préalable, ni corrections ultérieures. Musset a beau laisser entendre que ses *Nuits* (1835-1837) ont été rédigées sous la dictée de la Muse, leur composition d'ensemble ne doit rien au hasard, ni à l'improvisation[20]. Musset achève d'ailleurs sa *Nuit d'octobre* par cet éloge du travail :

> Jours de travail ! seuls jours où j'ai vécu !
> Ô trois fois chère solitude
> Dieu soit loué, j'y suis donc revenu
> À ce vieux cabinet d'étude.

Sans doute est-ce Paul Valéry (1871-1945) qui résume le mieux le débat sur l'inspiration et le travail :

> Les dieux gracieusement nous donnent tel premier vers, mais c'est à nous de façonner le second, qui doit consonner[21] avec l'autre, et n'être pas indigne de son aîné surnaturel[22].

En grec ancien, le verbe *poien,* d'où vient le mot poésie, ne signifie-t-il pas « faire », « fabriquer » ?

---

20. Les quatre longs poèmes lyriques que sont *Les Nuits* (1835-1837) retracent l'itinéraire d'un poète qui s'interroge sur les rapports entre la souffrance et la poésie.
21. *Consonner* : être en accord.
22. Paul Valéry, *Au sujet d'Adonis*, 1921.

Deux approches différentes de la poésie

En réalité ce qui est en jeu, c'est l'idée que l'on se fait de la poésie et ce que l'on en attend.

Insister sur le travail au détriment de l'inspiration, c'est affirmer la primauté de la forme. C'est accorder la plus grande importance aux règles de la versification, accumuler les difficultés pour mieux les vaincre, jouer avec la plus grande subtilité possible sur le langage. À l'extrême pointe de cette position, on aboutit à une poésie savante ou aux poèmes hermétiques de Mallarmé[23].

Le risque est évident. Une poésie qui se confondrait avec la seule élaboration d'une forme manquerait de naturel. Ce serait certes un bel objet de langage, mais une poésie « impassible ». Les poètes parnassiens[24] n'ont pas évité ce danger. Leur poésie est techniquement parfaite, elle reste souvent froide. Quant à Mallarmé, son hermétisme décourage plus d'un lecteur.

Se fier exclusivement à son inspiration ne présente pas moins d'inconvénients. L'effusion sentimentale ne crée pas obligatoirement le lyrisme. Il ne suffit pas de posséder une sensibilité exacerbée pour devenir poète. Encore faut-il trouver la juste expression de ses sentiments, les motifs et les rythmes, leur donner une forme originale et inédite. Sauf à encourir l'écueil de la platitude, toute confession n'est pas poétique. À travers soi, il faut savoir atteindre à l'universel. On peut être sincère et mauvais poète.

Toute la difficulté réside dans le fait de faire oublier au lecteur la patiente construction du poème pour que l'émotion soit la plus forte et le saisisse. C'est alors considérer que la poésie doit s'adresser à la sensibilité de son lecteur.

Tous les poètes se sont heurtés à la question de l'inspiration. D'où leur vient cette passion, et parfois cette obsession, d'exprimer les

---

23. L'*hermétisme* est une doctrine volontairement difficile d'accès, réservée à des initiés. Sur l'hermétisme de Mallarmé, voir le chapitre 6, p. 70-71.
24. Voir le chapitre 1, p. 7-8.

réalités du monde et de l'homme, dans un langage différent de celui du quotidien ? De parvenir à l'« inconnu », comme l'affirme Baudelaire à la fin du « Voyage » :

> Nous voulons, tant ce feu nous brûle le cerveau
> Plonger au fond du gouffre, Enfer ou Ciel, qu'importe ?
> Au fond de l'Inconnu pour trouver du nouveau !
>
> (*Les Fleurs du mal,* 1861, « Le Voyage ».)

Cependant, tout « voyage », même s'il résulte d'une passion innée, se prépare et s'organise.

6 La poésie est-elle incompréhensible ?

La poésie a la réputation d'être difficile d'accès. Il est vrai, par exemple, que ces vers de Mallarmé (1842-1898) déconcertent au premier abord :

> À la nue accablante tu
> Basse de basalte et de laves
> À même les échos esclaves
> Par une trompe sans vertu[1]
>
> (*Poésies*, 1870-1898, « À la nue ».)

La tentation est alors grande de renoncer à lire de la poésie, au prétexte qu'elle s'exprimerait en une langue incompréhensible, presque étrangère. Le nier serait absurde : toute lecture d'un poème suppose un effort de la part du lecteur, le désir de pénétrer dans le poème pour mieux se l'approprier. Mais pourquoi en est-il ainsi ? Quelles sont ces difficultés que la poésie invite à surmonter ? Les unes tiennent à ce qu'elle use d'une langue particulière ; d'autres proviennent de ce qu'elle remet le langage en question.

UNE LANGUE PARTICULIÈRE

Selon une conception qui remonte à l'Antiquité, la poésie était la langue des dieux. Bien qu'il s'agisse d'une légende, c'était souligner la spécificité du langage poétique. Celui-ci ne saurait se confondre avec le langage ordinaire du commun des mortels. Il est, au contraire, choisi. Les phrases s'organisent d'une manière différente de la pratique courante. Les images peuvent aussi surprendre.

1. Ces vers peuvent paraître incompréhensibles. Ils seront expliqués dans la seconde partie du chapitre. Pour l'instant, l'essentiel est de constater que la poésie n'est pas toujours immédiatement compréhensible.

Un langage choisi

La poésie choisit son vocabulaire. Selon les époques, les théories et les écoles littéraires, les raisons de ce choix varient, mais toujours elles visent à produire un effet, dont la portée peut échapper à des lecteurs pressés.

Le XVIIe siècle distinguait des registres de langue. Les uns étaient jugés *nobles* ; d'autres, *moyens* ; et certains, *bas*. Par dignité, la poésie privilégiait le registre *noble* : l'eau devenait l'« onde » ; le ciel, l'« azur » ; l'« hymen » était le mariage ; le « trépas » désignait la mort ; le « songe » remplaçait le rêve. La Fontaine écrit ainsi :

> L'onde était transparente ainsi qu'aux plus beaux jours ;
> (*Fables*, 1668, livre VII, 4, « Le Héron », v. 4.)

On lit encore dans les *Œuvres poétiques* de Théophile de Viau (1590-1626) :

> L'aurore, sur le front du jour,
> Sème l'azur, l'or et l'ivoire.

Avec le temps, ce vocabulaire a vieilli. Comme l'indiquent les dictionnaires, il est devenu d'un emploi « littéraire ».

Le romantisme a lutté contre cette prédominance du langage noble dans la poésie, parce qu'il conduisait à trop d'affectation. Hugo souhaitait y introduire des mots plus usuels :

> Plus de mot sénateur ! plus de mot roturier !
> J'ai contre le mot noble à la longue rapière
> Insurgé le vocable ignoble[2] son valet.
> J'ai dit à la narine : Eh mais ! tu n'es qu'un nez !
> (*Les Contemplations*, 1856, « Réponse à un acte d'accusation ».)

Mais force est de constater que la poésie, même moderne, n'a pas renoncé au vocabulaire choisi. Comme dans ces vers de Paul Valéry (1871-1945) :

> Alors, n'ai-je formé, vains adieux si je vis
> Que songes ?... Si je viens, en vêtements ravis,
> Sur ce bord, sans horreur, humer la haute écume [...]
> (*La Jeune Parque*, 1917.)

---

2. *Ignoble* : au sens étymologique de « qui n'est pas noble ».

À l'inverse, l'intégration des mots du quotidien dans la langue poétique ne supprime pas toujours toute difficulté d'approche. Familier, populaire, l'argot n'est pas moins dépaysant ni facile à déchiffrer. Que dire, en effet, de ce texte d'Henri Michaux (1899-1984) ?

Il l'emparouille et l'endosque contre terre
Il le rague et le roupète jusqu'à son drâle [...]

(*Qui je fus*, 1927.)

Lire un poème, c'est entrer dans un univers verbal insolite, où les mots n'en finissent pas d'étonner. Ils ne sont incompréhensibles que pour ceux qui refusent l'effort de les déchiffrer.

Une autre organisation de la phrase

En outre, les contraintes de la versification, les exigences de la rime ou la recherche d'un effet rythmique ou sonore ordonnent souvent les mots différemment de la pratique courante. Même les poèmes les plus simples obéissent à ces nécessités. Voici le début de « Rêve parisien », qui appartient aux *Fleurs du mal* (1861) de Baudelaire :

De ce terrible paysage,
Tel que jamais mortel n'en vit,
Ce matin encore l'image,
Vague et lointaine, me ravit.

Le vocabulaire du quatrain* n'a rien d'obscur. La construction grammaticale est, quant à elle, plus savante. Le complément de nom (« De ce terrible paysage », qui dépend du mot « image ») est antéposé. Le sujet (« image ») est séparé de son verbe (« me ravit »). Mais remettre les mots dans un ordre plus traditionnel détruirait le poème.

La difficulté s'accroît quand, à partir du début du XXe siècle, les poètes prennent l'habitude de supprimer la ponctuation :

Sous le pont Mirabeau coule la Seine
Et nos amours
Faut-il qu'il m'en souvienne
La joie venait toujours après la peine

(Apollinaire, *Alcools*, 1913, « Le Pont Mirabeau ».)

Le vers : « Et nos amours » est-il le second sujet du verbe *couler* ? En ce cas, il y aurait un accord du verbe, dit accord par proximité, avec le seul premier sujet (« la Seine »). Ou bien le vers est-il le complément d'objet indirect du verbe *se souvenir* ? Il serait alors antéposé, puis repris par le pronom adverbial *en*.

En fait l'absence de ponctuation ne vise pas à rendre le sens plus énigmatique. Elle engendre plusieurs sens possibles, plusieurs lectures légitimes, qui enrichissent le poème. En outre, la strophe gagne en fluidité, à l'image même de l'écoulement du fleuve et du temps.

La surprise des images

L'image (comparaisons* et métaphores*) est l'écriture naturelle de la poésie[3]. Parce qu'elle rapproche ou fusionne deux réalités distinctes, elle engendre une vision nouvelle du réel, qui peut dérouter.

La comparaison* est, par nature, l'image la moins complexe, parce qu'elle renferme sa propre explication avec sa particule de comparaison (*comme, ainsi que...*). Mais elle peut parfois aboutir à de troublantes rencontres de termes. Évoquant sa rencontre avec Elsa Triolet, Aragon écrit dans *Le Roman inachevé* (1956) :

> Tu m'as trouvé comme un caillou que l'on ramasse sur la plage
> Comme un bizarre objet perdu dont nul ne peut dire l'usage
> Comme l'algue sur un sextant qu'échoue à terre la marée
> Comme à la fenêtre un brouillard qui ne demande qu'à entrer
> Comme le désordre d'une chambre d'hôtel qu'on n'a pas faite.

Rationnellement, cette série de comparaisons qui assimile le poète (*m'*) à un objet, à une plante ou à une impression, est pour le moins étrange. Mais c'est cette étrangeté que fait ressortir l'image, pour dire le dénuement moral du poète avant la rencontre de la femme aimée.

Parce qu'elle supprime tout lien explicite, la métaphore est plus puissante. À la façon d'un éclair, elle fond deux éléments pour traduire une vision intérieure, un trouble. Comme dans ce vers qui clôt le poème « Zone » d'Apollinaire :

> Soleil cou coupé

(*Alcools*, 1913.)

3. Voir sur cette question, le chapitre 7, p. 77-80.

Est-ce la couleur rouge du soleil qui appelle celle du sang qui, à son tour, appelle la décapitation ? Le disque solaire qui glisse à l'horizon ? Il est inutile, en fait, d'essayer de *traduire*. La métaphore ne vaut que pour elle-même : pour sa force et par son pouvoir de surprendre[4].

LA REMISE EN CAUSE DU LANGAGE

Au cours du xxe siècle, les travaux des linguistes ont analysé la nature et les fonctions du langage. La poésie a bénéficié de leurs conclusions. Constatant la fonction utilitaire, mais arbitraire du langage, elle s'est efforcée de réduire cette part d'arbitraire, en courant le risque de désorienter le lecteur.

La fonction utilitaire, mais arbitraire, du langage

Communiquer avec des mots est une activité si banale qu'on ne prête plus attention à son étrangeté fondamentale.

Soit, en effet, le mot *mer*. Son sens est clair pour tout un chacun. Quel est pourtant le rapport entre les trois lettres qui le composent et ce qu'elles désignent ? Aucun. Ou, plus exactement, ce rapport résulte d'une convention historique, culturelle, d'une habitude ou d'une pratique. Il ne provient pas d'une nécessité absolue, naturelle. À preuve, chaque langue possède son propre mot pour désigner la même notion : *sea,* en anglais ; *see,* en allemand ; *mare,* en espagnol. Mais le lien entre la forme du mot, son nombre de lettres, sa sonorité et le contenu qui lui correspond est tout aussi conventionnel. On passe simplement d'une habitude à une autre.

Autrement dit, la liaison entre le signifiant qui est le mot et le signifié qu'il désigne, est à la fois indispensable et arbitraire. Elle est indispensable pour permettre la communication. Mais elle est arbitraire parce qu'elle ne repose sur rien d'obligatoire. Pourquoi les cinq lettres du mot *table* renvoient-elles au signifié « table » ? Pourquoi ce mot-là, et pas un autre ?

4. Pour plus de détails sur la métaphore, voir le chapitre 7, p. 77.

Entre le réel et les mots qui le nomment ou qui le décrivent, il y a donc une inadéquation fondamentale. On ne peut accéder au réel que par l'entremise du langage. Que serait en effet une chose qui n'aurait pas de nom ? On s'empresserait de lui en donner aussitôt un ! Mais, en même temps, les mots ne correspondent pas aux choses qu'ils désignent. Ils sont à la fois un moyen d'accès au réel et un écran puisqu'ils ne sont pas le réel lui-même.

Réduire l'arbitraire du langage

Le défi de la poésie moderne est de réduire, autant que possible, cette inadéquation ; d'établir un rapport nécessaire entre le signifiant et le signifié, entre les mots et les choses ; bref de supprimer ou d'amenuiser l'écran des mots. Comment la poésie le peut-elle ? De plusieurs façons. Énumérons-les avant de les illustrer par un exemple.

Les mots de certains poèmes modernes ne prennent sens qu'à l'intérieur de ces poèmes, et uniquement à l'intérieur de ceux-ci. Ils ne renvoient à rien qui soit extérieur à la page imprimée. Ils sont délivrés, libérés de la fonction utilitaire à laquelle le langage courant les réduit. C'est pourquoi il est inutile de les traduire ou d'en chercher des synonymes.

Leur sens, en revanche, découle des relations qui s'instaurent entre eux dans le poème. Ces relations peuvent être de différentes sortes :

– de nature *phonique* : les mots sont associés les uns aux autres, non d'après leur sens respectif, mais d'après leurs similitudes sonores ;

– de nature *graphique* : les mots s'appellent en raison de leur proximité orthographique ; ils s'écrivent presque de la même façon ;

– de nature *métrique** : les mots dépendent de leur place dans le vers ou la phrase ;

– de nature *sémantique** : les mots sont choisis en fonction de leur appartenance à une même famille lexicale ou parce qu'ils dérivent d'une même origine ;

– de nature *syntaxique** : les mots s'organisent d'après leur rôle grammatical;
– de nature *comparative** ou *métaphorique** : les mots sont là pour créer une image.

Toutes ces relations peuvent évidemment se combiner. Ce n'est plus chaque mot, ni chaque élément de phrase, ni même chaque phrase qui fait sens, comme dans le langage courant. C'est le poème, dans son entier, qui commande le sens. On parle alors d'« unité de signifiance[5] ».

Un exemple de travail sur le langage

Reprenons les vers de Mallarmé cités en introduction :

1. À la nue accablante tu
2. Basse de basalte et de laves
3. À même les échos esclaves
4. Par une trompe sans vertu
5. Quel sépulchral naufrage (tu
6. Le sais, écume, mais y baves)
7. Suprême une entre les épaves
8. Abolit le mât dévêtu.

Les relations phoniques sont évidentes : retour des sons [a] et [u]. Les relations graphiques et grammaticales le sont également : les deux « tu » sont en fin de vers (v. 1 et 5). Le second « tu » (v. 5) a une fonction de sujet (du verbe *savoir*). Le premier « tu » (v. 1) est le participe passé du verbe *taire*; il se rapporte au mot masculin et singulier qui est « naufrage » (v. 5).

L'expression « sépulchral naufrage » fait image. Elle associe la pierre, le minéral, à l'eau, à la mer. Or l'idée de *pierre* est préparée par le vers 2 (« basalte », « laves »). Ce « naufrage » est donc une pétrification. Dans ce contexte, et dans ce contexte seulement, « une » (v. 8) rappelle phonétiquement la *hune* (plate-forme où se dressent les mâts). La désinence du participe passé « dévêtu » (v. 8) fait écho aux « tu » des vers 1 et 5, ainsi qu'à la syllabe finale de « vertu » (v. 4).

5. Michel Riffaterre, *Sémiotique de la poésie* (traduit de l'anglais par Jean-Jacques Thomas), Éd. du Seuil, coll. « Poétique », 1983, p. 17 .

Ce dernier mot retrouve son sens étymologique de « force », de « puissance ». Avec son « mât dévêtu » (= dépouillé de ses voiles), le navire s'immobilise dans la « bave » de l'« écume » (v. 6), comme s'il était prisonnier de « laves » (v. 1) volcaniques.

Le poème dit un naufrage et un désastre, symbole de la création littéraire avortée.

RISQUES ET ENJEUX DE L'HERMÉTISME

Une telle conception de la poésie, surtout moderne et contemporaine, ne va pas sans danger. Elle court le risque de l'incompréhension, et d'une désaffection des lecteurs. Mais ce risque est à la hauteur du plus grand des enjeux. Par cette utilisation particulière du langage, la poésie devient véritablement une parole créatrice.

Le risque de décourager le lecteur

Cette forme de poésie exige du lecteur des efforts permanents et redoublés. Contrairement à ce qui se passe dans la lecture d'un texte ordinaire, le sens ne préexiste pas au poème. Il ne s'agit pas de savoir si le poète a bien exprimé ce qu'il voulait dire, ou s'il a bien mis ses idées en mots et en forme. Il s'agit d'admettre que le sens découle du poème et qu'il est engendré par lui.

Ce sens ne fait pas davantage référence au réel extérieur. Le poème devient une forme, indépendante, autonome, qui n'existe que pour elle-même et que par elle-même. C'est à l'intérieur de cet espace clos que l'écriture poétique va prendre sa « signifiance ».

Les habitudes de lecture s'en trouvent considérablement bouleversées. Un poème ne se lit pas : il se relit presque à l'infini, pour permettre l'élaboration progressive du sens. Au lieu de recevoir passivement une information, le lecteur doit s'approprier le poème pour en devenir le déchiffreur actif. À moins qu'il ne se décourage d'entreprendre semblable quête.

Certains poètes comme Mallarmé assument consciemment ce

risque[6]. Ils considèrent que la poésie doit être réservée à des initiés, c'est-à-dire à ceux que, loin de les décourager, la difficulté aiguillonnera. Voilà qui peut inquiéter. À trop devenir le privilège de quelques-uns, la poésie encourt le risque de la marginalisation et, en définitive, celui de l'indifférence générale. Mallarmé s'est d'ailleurs lui-même coupé du grand public.

La parole créatrice

Ce risque ne doit pourtant pas masquer l'intérêt et la valeur de cette écriture poétique. À l'intérieur du poème, le langage retrouve sa souveraineté absolue. En disposant des mots tout autrement que ne le font l'usage et le besoin, il crée un monde, son propre monde. Il devient une parole qui engendre un univers qui n'existerait pas sans elle ou en dehors d'elle.

C'est apparenter la poésie à la magie pour qui le mot (la formule) crée la chose. Ou c'est lui conférer un pouvoir presque sacré : « Au commencement était le Verbe », lit-on dans la Genèse[7] au début de la Bible, le « Verbe », autrement dit la Parole divine. Celle-ci s'exprima et le monde se créa. C'est ce pouvoir que la poésie moderne retrouve ou récupère, même chez les poètes qui ne croient pas en Dieu ou qui n'ont aucune préoccupation religieuse.

Ainsi que l'écrit le poète Jean-Claude Renard (né en 1922), le poète s'arroge le pouvoir

> d'inventer des rapports nouveaux entre les mots, donc entre ceux-ci, la pensée et les choses, et, par conséquent, de produire des significations nouvelles, capables de modifier celui qui écrit comme celui qui lit et de leur faire voir le monde autrement[8].

---

6. Mallarmé s'est, de fait, orienté vers une poésie de plus en plus hermétique. Désignant, à l'origine, des philosophies réservées à des initiés, tant elles semblaient incompréhensibles au commun des mortels, l'hermétisme est de nos jours devenu synonyme d'« obscur ».

7. La Genèse est le premier des livres qui constituent la Bible. C'est un récit mythique qui relate et explique la création du monde.

8. J.-C. Renard, *Notes sur la poésie,* Éd. du Seuil, 1970, p. 23.

Car telle est bien l'ambition ultime de la poésie : non pas user du langage pour dire le monde, mais renouveler la vision que l'on a du monde ou le recréer par le langage.

La poésie a toujours été un genre et un art difficiles d'accès. Mais n'en va-t-il pas de même pour tous les genres littéraires et tous les arts ? Elle suppose un apprentissage, une volonté, un effort. Il est vrai qu'en remettant en question l'utilisation courante du langage et qu'en s'interrogeant sur sa nature, ses limites et son caractère arbitraire, la poésie accroît les difficultés de son lectorat. Mais ce n'est pas parce qu'elle se veut incompréhensible. C'est parce qu'elle affronte l'énigme du langage. À ceux que cette poésie déconcerte, et qui, peut-être, n'osent pas la lire, il reste toujours la possibilité de se tourner vers une poésie plus traditionnelle : celle qui chante la beauté du monde ou la vie des êtres[9], tant il existe autant de formes de poésie que de poètes.

---

9. Voir le chapitre 3, p. 37.

7 Poésie et images

L'écriture poétique use fréquemment d'images. Elle n'est pas la seule à les utiliser. On en trouve dans la prose. Même le langage quotidien y recourt : ne dit-on pas « triste comme la pluie » ou « rapide comme une flèche » ? Mais la poésie se sert peut-être des images plus qu'aucun autre genre littéraire. C'est au point que leur présence récurrente[1] peut constituer un critère de définition du texte poétique.

Aussi importe-t-il d'abord d'en établir une classification. Ces images, quelles sont-elles ? Comment les définir et les repérer ? Il conviendra ensuite de s'interroger sur leurs fonctions : quels effets produisent-elles ? Qu'est-ce qui justifie leur emploi ou leur apparition ?

LES PRINCIPAUX TYPES D'IMAGES

Les images sont des figures de style, c'est-à-dire des procédés particuliers d'expression. La rhétorique[2] en a discerné d'innombrables. À défaut de toutes les détailler, on peut du moins retenir les plus importantes.

Les figures fonctionnant sur la répétition

• L'*anaphore** est un procédé qui consiste à commencer par le même mot ou par la même expression une série de phrases, de vers ou de membres de phrases. Par exemple :

1. *Récurrent* : qui est fréquent, qui revient souvent.
2. La *rhétorique* désigne à l'origine l'art de bien dire et de bien écrire et, par extension, l'étude des procédés qui permettent de bien parler ou bien écrire.

Plus loin que le fleuve qui gronde
Plus loin que les vastes forêts
Plus loin que la gorge profonde,
Je fuirais [...]

(V. Hugo, *Les Orientales*, 1829, « Vœux ».)

• L'*anadiplose** reprend en début de vers ou de phrase le mot ou les mots de la fin du vers ou de la phrase qui précède :

Qui est là
Personne
C'est simplement mon cœur *qui bat*
Qui bat très fort
À cause de toi

(J. Prévert, *Histoires*, 1946, « On frappe ».)

Ces deux procédés sont aussi courants dans les poèmes que dans les chansons. Ils créent un effet de parallélisme, et ils marquent l'insistance ou l'intensification du propos.

Les figures fonctionnant par suppression

• L'*ellipse** est un raccourci. Elle consiste à supprimer un ou plusieurs éléments en principe nécessaires à la compréhension du texte. Le lecteur se doit alors de compléter mentalement ce qui est sous-entendu.

L'exemple le plus célèbre est cette réplique d'Hermione à Pyrrhus :

Je t'aimais inconstant, qu'aurais-je fait fidèle[3] ?

(Racine, *Andromaque*, IV, 5, v. 1365.)

Comprenons : « combien t'aurais-je aimé davantage si tu avais été fidèle ». Mais ce long développement explicatif fait perdre au vers sa concision et sa puissance.

---

3. Ce vers extrait de la tragédie que Racine fit jouer en 1667 appartient au genre théâtral, qui faisait alors partie du domaine de la poésie.

• L'*anacoluthe** est une rupture de construction grammaticale. C'est le cas, par exemple, de ces deux vers qui terminent le célèbre poème de « L'Albatros » de Baudelaire qui, parlant du poète, écrit :

Exilé sur le sol au milieu des huées,
Ses ailes de géant l'empêchent de marcher.

(*Les Fleurs du mal*, 1861.)

Le sujet de la phrase auquel renvoie le participe passé « exilé » est le poète. Baudelaire passe sans transition ni explication à un autre sujet : les « ailes ». Il y a une rupture de construction.

• L'*asyndète** est une absence volontaire de tout mot de liaison (adverbe ou conjonction) entre des groupes de mots ou de propositions. Le lecteur doit alors mentalement suppléer à cette absence.

Dans ce vers extrait du refrain du « Pont Mirabeau » d'Apollinaire, l'asyndète produit un effet de tension et de contradiction entre les deux verbes :

Les jours s'en vont je demeure,

entre lesquels il faut ajouter « mais ». L'asyndète traduit ici le choc ressenti devant la prise de conscience de la fuite du temps.

Ces divers procédés visent à créer soit un effet saisissant, soit une impression de densité.

Les figures fonctionnant par substitution

• La *métonymie** consiste à nommer une chose par le nom d'une autre chose qui lui est liée : soit par un rapport de cause à effet ; soit en prenant le contenant pour désigner le contenu ; soit en désignant un objet par la matière dont il est fait.

Ainsi, dans « Spleen », Baudelaire écrit :

Où les pastels plaintifs et les pâles Boucher
Seuls respirent l'odeur d'un flacon débouché

(*Les Fleurs du mal*, 1861.)

« les pâles Boucher » désignant les pâles tableaux du peintre Boucher (1703-1770).

• La *synecdoque** est voisine de la métonymie. Elle consiste à nommer une chose par le nom d'une autre chose qui entretient avec la première un rapport d'inclusion, c'est-à-dire dont l'idée ou l'existence est comprise (incluse) dans la première chose. C'est prendre, par exemple, la partie pour le tout, désigner un vaisseau par sa « voile », comme dans ce vers de Victor Hugo :

> Pas un nuage aux cieux, sur les mers pas de voiles
>
> (*Les Orientales*, 1829, « Extase ».)

La comparaison

La comparaison* est la plus répandue et, sans doute, la plus connue des images. Elle comporte trois éléments :

– le comparé (la chose, l'animal ou la personne qui fait l'objet de la comparaison) ;

– le comparant (celui à qui ou ce à quoi on le compare) ;

– l'outil de comparaison, qui peut être très varié. Le plus simple est *comme*. Mais de nombreux autres termes – adjectif qualificatif, indéfini, adverbe, verbe – peuvent servir d'outils de comparaison : *tel, pareil, semblable, ainsi que, sembler, paraître, avoir l'air...*

Toutefois, toute comparaison ne constitue pas une image véritable. Quand on dit par exemple : « Pierre est aussi grand que son père », il y a bien comparaison sur le plan grammatical, mais, poétiquement, il n'y a pas d'image. Les deux éléments de comparaison appartiennent au même système de référence : l'être humain en l'occurrence, ou la famille. Pour qu'elle devienne poétique, la comparaison doit établir un rapport d'analogie entre deux éléments étrangers l'un à l'autre. Par exemple : « Pierre est fort comme un lion ».

Plus la comparaison rapproche deux réalités éloignées l'une de l'autre, plus son pouvoir de suggestion est grand. Pour dire l'inéluctable écoulement des années, Hugo écrit ainsi :

> Maintenant que mon temps décroît comme un flambeau
>
> (*Les Contemplations*, 1856, « Paroles sur la dune ».)

Rien ne rattache à première vue le « temps » et le « flambeau », sinon leur commune diminution, au fur et à mesure que le temps consume la vie et que la flamme consume la torche.

La métaphore

La métaphore* est une comparaison, abrégée en ce sens qu'elle supprime l'outil de comparaison.

On distingue deux sortes de métaphore. La première est dite métaphore *in praesentia,* quand l'image maintient « en présence » le comparé et le comparant. Soit le début du sonnet* « Correspondances » :

> La Nature est un temple [...]
>
> (Baudelaire, *Les Fleurs du mal*, 1861.)

Les deux éléments sont en présence. Seul l'outil de comparaison a disparu (« La Nature est [*comme*] un temple »).

Une seconde sorte de métaphore est dite *in absentia* (« en absence »), quand le comparé disparaît pour laisser la place au seul comparant. Le poème des « Petites Vieilles » de Baudelaire commence par ce vers :

> Dans les plis sinueux des vieilles capitales,

où il faut comprendre : « dans les rues qui font comme des plis sinueux » ; mais rétablir le raisonnement logique amoindrit l'image. La métaphore vaut par sa vigueur et son raccourci.

Cette seconde sorte de métaphore soulève parfois des difficultés d'interprétation. Ou bien, en effet, plusieurs sens sont possibles et ils s'additionnent comme pour mieux faire ressortir la richesse de l'image. Ou bien la métaphore résiste à toute tentative d'explication rationnelle, et elle vaut par son caractère inattendu, troublant. Comme dans ces derniers mots du poème « Zone » d'Apollinaire :

> Adieu Adieu
> Soleil cou coupé
>
> (*Alcools*, 1913.)

LES FONCTIONS DES IMAGES

La fonction de l'image a beaucoup varié selon les siècles, les poètes et les courants littéraires. L'image ne fut longtemps qu'un simple ornement d'écriture. Avec le symbolisme*, elle est devenue l'expression d'une quête spirituelle. Au xxe siècle, sous l'influence du surréalisme*, l'image est créatrice d'un nouveau monde, la marque même de la poésie.

Une fonction ornementale

Le rôle le plus traditionnel de l'image est d'agrémenter le style :
– soit en lui donnant plus de force et d'intérêt, comme dans ces vers où Ronsard compare la fraîche beauté de Marie à l'éclosion d'une rose :

> Comme on voit sur la branche, au mois de mai, la rose
> En sa belle jeunesse, en sa première fleur,
> Rendre le ciel jaloux de sa vive couleur [...]
>
> (*Amours de Marie*, 1555-1556, II, 4);

– soit en conférant au langage plus de concision et de force :

> Quand le ciel bas et lourd pèse comme un couvercle
>
> (Baudelaire, *Les Fleurs du mal*, 1861, « Spleen »),

écrit Baudelaire pour suggérer l'ennui désespéré qui l'écrase;
– soit, enfin, pour expliciter le sens. Baudelaire compare le poète à l'« albatros », cet oiseau majestueux dans les airs et si maladroit sur la terre :

> Le poète est semblable au prince des nuées
> Qui hante la tempête et se rit de l'archer[4];
> Exilé sur le sol au milieu des huées,
> Ses ailes de géant l'empêchent de marcher.
>
> (*Les Fleurs du mal*, 1861, « L'Albatros ».)

---

4. *Archer* : chasseur muni d'un arc.

Une quête spirituelle

Le même Baudelaire observait : « C'est cet admirable, cet immortel instinct du Beau qui nous fait considérer la Terre et ses spectacles comme un aperçu, comme une correspondance du ciel [...]. C'est à la fois par la poésie et à travers la poésie [...] que l'on entrevoit les splendeurs situées derrière le tombeau[5] ». C'était définir l'essence même du symbolisme[6], pour lequel existe un autre monde, un monde idéal, au-delà du réel.

Comment dès lors l'atteindre ou, à défaut, en suggérer la présence ? Par l'image poétique qui, seule, permet d'établir des « correspondances » entre le matériel et le spirituel. La comparaison illustre la synesthésie[7], qui affirme l'indivisibilité des sensations :

> Comme de longs échos qui de loin se confondent
> Dans une ténébreuse et profonde unité
> Vaste comme la nuit et comme la clarté,
> Les parfums, les couleurs et les sons se répondent.
>
> (Baudelaire, *Les Fleurs du mal*, 1861, « Correspondances ».)

Les couleurs renvoient aux sons qui, eux-mêmes, renvoient à l'odorat (par les « parfums »). D'ailleurs ne parle-t-on pas couramment d'un « rouge éclatant » ? Or l'adjectif *éclatant* appartient au domaine auditif et non au monde visuel.

Si les sensations peuvent *se répondre,* elles peuvent aussi s'associer à des états d'âme, à des idées morcelées, comme dans ce quatrain de Baudelaire :

> Le violon frémit comme un cœur qu'on afflige,
> Un cœur tendre qui hait le néant vaste et noir,
> Le ciel est triste et beau comme un grand reposoir[8] !
> Le soleil s'est noyé dans son sang qui se fige.
>
> (*Les Fleurs du mal,* 1861, « Harmonie du soir ».)

L'image cesse d'être un ornement stylistique pour devenir une approche de l'inconnu ou une exploration du cœur.

---

5. Baudelaire, *Notes nouvelles sur Edgar Poe* (1857).
6. Sur le symbolisme, voir le chapitre 1, p. 10-11.
7. *Synesthésie :* faire correspondre les sensations entre elles.
8. Un *reposoir* est un support en forme d'autel dressé lors d'une cérémonie religieuse.

La création d'un autre monde

Sous l'influence du surréalisme[9], l'image s'identifie avec la poésie elle-même. En effet, à partir du moment où la poésie se fixe pour mission de créer des rapports nouveaux, parfois étranges ou surprenants, entre les mots, l'image acquiert une importance capitale. La métaphore et la comparaison sont les mieux à même de provoquer ce bouleversement du langage. Or,

> plus les rapports de deux réalités rapprochées seront lointains et justes, plus l'image sera forte, plus elle aura de puissance et de réalité poétique.
>
> (Pierre Reverdy, « L'Image », in André Breton, *Manifeste du surréalisme,* 1924.)

On lit par exemple dans les poèmes d'André Breton ces métaphores* aussi déconcertantes que frappantes :

> L'ardoise du ciel,
> Le pommier en fleur de la mer,
> Les mille paupières de l'eau qui dort[10].

Sur le plan logique et rationnel, ces formules n'ont guère de sens. Mais on ne saurait leur dénier une certaine beauté, ni même, bizarrement, une certaine justesse. Elles modifient soudain notre vision traditionnelle du ciel, du pommier, de la mer.

Car tel est, pour le surréalisme[11] le but ultime de l'image. En modifiant notre rapport, froidement rationnel, au langage, elle change notre perception du monde, tant il est vrai que nous n'appréhendons celui-ci que par le langage.

L'image devient, dans ces conditions, l'acte poétique majeur. En inventant de nouveaux rapports entre les mots, elle donne à voir autrement.

---

9. Sur le surréalisme, voir chapitre 13.
10. Ces métaphores sont extraites des poèmes « Clair de terre » et « Ode à Charles Fourier » in *Clair de terre,* Éd. Gallimard, 1923.
11. Sur le surréalisme, voir chapitre 13.

LE POÈME QUI EST IMAGE

Si le poème comporte des images, il est lui-même image. Il se lit en même temps qu'il se voit. Il modifie notre perception du monde.

Le vu et le lu

Partons d'une évidence : la poésie s'écrit. Or la disposition des mots sur la page blanche n'obéit pas plus au hasard que la disposition, par le peintre, des motifs ou des couleurs sur la toile de son tableau. Par le retour obligatoire à la ligne, la présence d'une majuscule à son début, le vers, quelle que soit sa nature, est déjà une organisation de cet espace qu'est la page. L'image poétique (métaphore, comparaison et autres figures) s'allie à l'image visuelle.

C'est singulièrement vrai de la poésie moderne, où les auteurs tirent des effets de la place des mots sur la page. En 1918, Apollinaire donnait à l'un de ses recueils le titre de *Calligrammes*. Il inventait le mot, forgé d'après *calli*graphie et idéo*gramme*[12]. Le calligramme est un poème qui dessine, par la manière dont sont disposés les mots, le sujet du poème. Il s'agissait pour Apollinaire de représenter le poème selon et dans son image visuelle instantanée.

Il en va tout autrement dans *La Prose du Transsibérien...* (1913, Éd. Denoël, 1947) de Blaise Cendrars, où la disposition typographique des mots dessine le rythme plus ou moins saccadé du train :

> Et le sifflement de la vapeur
> Et le bruit éternel des roues en folie dans les ornières
>   du ciel
> Les vitres sont givrées
> Pas de nature !
> Et derrière, les plaines sibériennes le ciel bas et les
>   grandes ombres des Taciturnes qui montent et qui
>   descendent
> Je suis couché dans un plaid
> Bariolé
> Comme ma vie

12. La *calligraphie* est l'art de bien former les caractères d'écriture, les lettres. Un *idéogramme* est un signe graphique qui, par son dessin, représente ce qu'il signifie (comme un hiéroglyphe égyptien, ou comme en chinois ou en japonais).

L'image-poème

En créant une nouvelle réalité à partir du langage, le poème se fait à son tour image : image de cette réalité inédite qui n'existe que par et dans le poème. Prenons l'exemple de ce poème en prose* de Francis Ponge, intitulé « Le Pain » :

> La surface du pain est merveilleuse d'abord à cause de cette impression quasi panoramique qu'elle donne : comme si l'on avait à sa disposition sous la main les Alpes, le Taurus[13] ou la Cordillère des Andes.
> Ainsi donc une masse amorphe en train d'éructer fut glissée pour nous dans le four stellaire, où durcissant elle s'est façonnée en vallées, crêtes, ondulations, crevasses [...]
>
> (*Le Parti pris des choses*, 1942.)

La comparaison conditionnelle « comme si » déclenche une vision quasi fantastique : les ondulations de la croûte du pain deviennent les reliefs de la croûte terrestre. Le mot « four » renvoie évidemment au mode de cuisson. Mais l'adjectif « stellaire » lui donne un autre sens : celui de l'espace interstellaire. La pâte du pain (« masse amorphe ») suggère ainsi le magma que fut, aux origines du cosmos, notre planète avant de refroidir et de se couvrir d'une « croûte ».

Cette manière très particulière de voir et de penser le pain n'a rien de réaliste ni d'objectif. Elle change un objet banal, simple en apparence, en quelque chose d'autre, d'intérieur, de personnel. Composé d'images, le poème devient l'image de cette autre chose, qui est à la fois rêve, méditation, vision. Les uns n'existent pas sans l'autre, et inversement.

C'est pourquoi, quand l'image dépasse sa fonction ornementale, il est inutile d'interpréter l'image autrement que par rapport à elle-même. L'image vaut pour elle-même et se justifie par elle-même. Seul importe de prêter attention à son fonctionnement, qui se confond avec celui du poème.

---

13. Le *Taurus* est une chaîne de montagnes de la Turquie.

Le statut de l'image poétique est donc allé en s'élargissant et en s'approfondissant. Elle fut d'abord décorative, exigence et preuve d'une manière de « bien écrire », à l'opposé de l'écriture utilitaire et quotidienne. Très vite, pourtant, l'image retint de plus en plus l'attention par son pouvoir de suggestion et de création. L'image est toujours un raccourci entre deux réalités, un court-circuit qui, en supprimant (dans le cas de la métaphore) les liens logiques, fait voir le monde différemment. C'est pourquoi elle est devenue, au XXe siècle, la forme et le but même de la poésie.

8 Poésie et chanson

Le mot *chanson* renvoie à un large réseau de significations. Étymologiquement, il provient du latin *cantus*, « chant ». À ce titre, il s'applique aussi bien à la poésie la plus sublime qu'à l'air de musique le plus simple. Depuis toujours, en effet, la poésie et la chanson ont été et restent parfois encore des notions synonymes. Si des poésies possèdent la forme et l'attrait de chansons, des chansons, composées par des auteurs-interprètes, appartiennent autant au domaine de la poésie qu'au music-hall.

DEUX NOTIONS SYNONYMES

De l'Antiquité à nos jours, la poésie est chanson, soit parce qu'elle fut chantée, soit parce que des poètes ont été les paroliers d'interprètes célèbres.

Dès les origines de la poésie

D'après un très ancien mythe grec, Orphée fut le premier poète et le premier musicien. Il tenait sous le charme de sa voix les dieux, les hommes et les animaux. À la mort de sa femme, Eurydice, il descendit aux Enfers pour la réclamer. Séduites par son chant et la musique de sa cithare[1], les divinités de la mort l'autorisèrent à ramener son épouse dans le monde des vivants... à la condition de marcher devant elle, sur le chemin du retour, sans la regarder ni lui adresser la parole. Orphée se retourna et perdit définitivement Eurydice.

1. *Cithare* : vieil instrument de musique composé d'une sorte de caisse sur laquelle sont tendues des cordes. Selon la légende, cette cithare aurait été donnée à Orphée par Apollon, dieu de la musique et de la poésie.

Cette légende symbolise les pouvoirs que l'union de la poésie et du chant recèle. Celle-là est capable de tous les miracles, y compris de vaincre la mort, même si, par l'impatience d'Orphée, cette victoire fut éphémère. Il n'en demeure pas moins que la poésie et le chant sont associés depuis la plus haute antiquité.

Par son étymologie même, le lyrisme* est en outre en rapport étroit avec l'idée de musique et de chant. Il est forgé sur le mot *lyre* qui, dans l'Antiquité, désignait un instrument de musique, destiné à accompagner les poèmes chantés. C'était le cas notamment des odes*.

Au Moyen Âge

La tradition s'est durablement poursuivie. Jusqu'au XVe siècle, tous les vers ont été chantés ou déclamés sur fond musical. La poésie médiévale était chanson.

La preuve en est l'appellation de certains genres poétiques qui se sont alors épanouis. La *chanson de geste*[2], ou poème épique*, était récitée par des troubadours et des jongleurs sur un accompagnement musical. Les *chansons de toile,* organisées en couplets terminés par un refrain, évoquaient des amours malheureuses. On les appelait ainsi parce qu'on attribuait leur création à des fileuses et à des tisseuses qui les entonnaient tout en travaillant. Citons encore les *chansons d'aube* que l'amante chantait à son amant au moment de leur séparation matinale.

La poésie n'allait pas sans musique, et elle ne se distinguait pas de la chanson.

De nos jours encore

Au XXe siècle, des poètes célèbres ont été des paroliers à succès. Héritier de la poésie orale populaire, Jacques Prévert (1900-1977) a composé des poèmes qui sont presque naturellement devenus des

---

2. La *chanson de geste* relate les exploits d'un héros légendaire. En effet, en latin, *gesta* signifie « prouesse, haut fait, exploit ». *La Chanson de Roland* (vers 1170) est la plus célèbre des chansons de geste médiévales.

chansons. Dans son recueil *Paroles* (1946), figure par exemple le poème « Barbara », que Serge Reggiani a interprété :

Rappelle-toi Barbara
Il pleuvait sans cesse sur Brest ce jour-là
Et tu marchais souriante
Épanouie ravie ruisselante
Rappelle-toi Barbara
Il pleuvait sans cesse sur Brest [...].

Romancier, dramaturge, Boris Vian (1920-1959) fut également un passionné de jazz et un trompettiste de talent. Contestataire, provocant, il dénonca la guerre et le conformisme social dans des chansons qui sont autant de jeux sur le langage et de poèmes. Le titre du recueil qui les rassemble, *Textes et chansons* (1954-1955), suggère bien, d'ailleurs, l'impossibilité de tracer une frontière nette entre la poésie et la chanson.

DES POÈMES EN FORME DE CHANSONS

Par leur construction, par leur mode d'écriture ou par leurs inspirations et thèmes, de nombreux poèmes ressemblent à des chansons.

Par leur technique et leur forme

Depuis le milieu du XIXe siècle, on désigne par *chansons* des poèmes qui ne sont pas destinés à être chantés, ni même musicalement accompagnés, mais qui présentent les caractéristiques d'une chanson dans sa définition la plus ordinaire. Leurs strophes très rythmées sont autant de couplets. Parfois, le retour d'un distique* en fin de strophe ou entre chaque strophe constitue un refrain. Les vers sont en général courts. Une simple assonance* peut servir de rime*.

Telles sont les *Chansons des rues et des bois* que Victor Hugo publie en 1869. Écrites en quatrains* octosyllabiques*, ces « Chansons » sont des poèmes vifs et légers, évoquant des rêveries, des scènes de campagne ou de ville. Voici les deux premiers « couplets » d'une « fête de village en plein air » :

Le bal champêtre est sous la tente
On prend en vain des airs moqueurs ;
Toute une musique flottante
Passe des oreilles aux cœurs.

On entre, on fait cette débauche
De voir danser en plein midi
Près d'une Madelon point gauche
Un Gros-Pierre point engourdi.

(*Chansons des rues et des bois*, 1869, « Fête de village en plein air ».)

Dans un registre plus élégiaque*, Apollinaire compose « Le Pont Mirabeau », qui, par son « refrain », s'apparente à une « chanson » :

Vienne la nuit sonne l'heure
Les jours s'en vont je demeure

(*Alcools*, 1913.)

Quant à sa « Chanson du mal-aimé », elle porte un titre significatif. Rédigée en quintils* octosyllabiques, elle est une complainte* de la « mauvaise chance » et de la déception amoureuse :

Mon beau navire ô ma mémoire
Avons-nous assez navigué
Dans une onde mauvaise à boire
Avons-nous assez divagué
De la belle aube au triste soir [...]

(*Alcools*, 1913.)

Avec leurs audaces et leurs facilités de langage, les *Complaintes* de Jules Laforgue (1885) renouent avec la tradition médiévale du poème populaire, triste et plaintif. Certaines de ces *Complaintes* appellent presque la voix gouailleuse[3] d'un chanteur-interprète :

L'Homme et sa compagne sont serfs
De corps, tourbillonnants cloaques
Aux mailles de harpes de nerfs

---

3. Voix *gouailleuse* : mi-railleuse mi-pittoresque ayant l'acent très populaire des faubourgs.

Serves de tout et que détraque
Un fier répertoire d'attaques.

(Refrain[4].)

Voyez l'homme, voyez !
Si ça n'fait pas pitié

(« Complainte du pauvre corps humain ».)

Par référence à la légèreté de certains airs musicaux que l'on nomme des *ariettes*[5], Verlaine a composé des *Ariettes oubliées,* où la simplicité de la langue et du rythme ainsi que le jeu des rimes et des sonorités se font aisément mélodie :

C'est l'extase amoureuse
C'est la fatigue amoureuse,
C'est tous les frissons des bois
Parmi l'étreinte des brises,
C'est, vers les ramures grises,
Le chœur des petites voix[6].

La liste serait longue de ces poèmes qui ne sont pas des textes de chansons, mais qui leur empruntent leur forme et qui pourraient devenir des chansons.

Par leur inspiration et leurs thèmes

Le phénomène n'a rien d'étonnant. La poésie se nourrit en effet des mêmes thèmes et des mêmes sentiments que les chansons. Les exemples précédemment cités ont pour thèmes l'amour malheureux, la souffrance, la mélancolie et, pour quelques-uns d'entre eux, la joie et l'enthousiasme. Si « le lyrisme est le développement d'un cri[7] », ce cri est souvent celui de la chanson. Combien existe-t-il de chansons d'amour, exprimant la passion sous toutes ses formes, de chansons d'espoir, de deuil et même de satire sociale ? Il n'y a pas d'un côté des thèmes qui seraient propres à la chanson et, de l'autre, des

4. C'est nous qui ajoutons cette indication.
5. Les ariettes du compositeur autrichien Joseph Haydn (1732-1809) sont célèbres.
6. Ces *Ariettes oubliées* ouvrent le recueil de *Romances sans paroles* que Verlaine publia en 1874.
7. Paul Valéry, *Tel quel,* 1941.

sujets qui seraient réservés à la poésie. Toutes deux puisent dans le même fonds commun.

Toutes deux sont également en quête d'une mélodie ou d'une harmonie expressive. On lit dans « L'Art poétique » de Verlaine :

De la musique avant toute chose

(*Jadis et Naguère*, 1885.)

La chanson n'est pas un texte plaqué sur une musique. Elle est fusion des notes et des mots. La poésie partage cette ambition du mot juste et du son adéquat. Même si la chanson est un genre à part, elle entretient avec la poésie des liens constants.

LA CHANSON POÉTIQUE

La chanson peut elle-même devenir poésie, soit que des auteurs-compositeurs interprètent des poètes, soit qu'elle devienne elle-même poème.

Des chanteurs qui interprètent des poètes

Par sa large diffusion sur les ondes, longtemps par les disques et maintenant par les CD, la chanson révèle au grand public des poètes oubliés ou connus d'un cercle restreint d'amateurs.

Dans les années 1960, Georges Brassens inscrivit à son répertoire certains poèmes de François Villon et même de Rutebeuf[8] :

Que sont mes amis devenus
que j'avais tant tenus
Et tant aimés ?
Je crois qu'ils se sont éparpillés.

(*La Complainte de Rutebeuf*, vers 1261-1262.)

Volontiers anarchiste, Léo Ferré a chanté les poèmes du révolté Rimbaud. C'est sur les scènes des music-halls d'après-guerre que des chanteurs comme Yves Montand ont fait connaître au plus grand nombre les poèmes de Prévert.

8. Trouvère parisien du XIIIe siècle, Rutebeuf est l'auteur de poésies (*Le Povretée Rutebeuf*), d'un roman (*Renant le Bestourné*) et de *Chansons de croisade*.

Des chansons qui sont des poèmes

Par la qualité de leur mélodie et de leur texte, certaines chansons sont d'authentiques poèmes.

Auteur-compositeur d'origine belge, Jacques Brel (1929-1978) a créé et interprété des chansons parmi les plus belles du répertoire français : « Ne me quitte pas » est un poème d'amour désespéré ; « Le Plat Pays » célèbre de manière émouvante sa Belgique natale.

Né en 1934 à Alexandrie, en Égypte, Georges Moustaki compose des chansons pleines de tendresse, de lucidité et d'intelligence – dont celle du « Métèque », ou encore « Ma liberté ».

Chaque génération a ses chanteurs préférés. Dans les années 1960 s'imposent Serge Gainsbourg, Serge Lama, Gilles Vigneault, Johnny Halliday. Un peu plus tard, percent Yves Duteil, Michel Jonasz, Maxime Le Forestier, Alain Souchon, Michel Berger. Pierre Perret renoue avec la tradition illustrée par Georges Brassens, avec son vocabulaire à la fois cru et poétique. Les années 1980 voient l'apparition de groupes rock typiquement français. Si les textes de leurs chansons sont souvent assez plats, il y a un art de rythmer les mots qui ne peut laisser insensible.

La chanson raï a conquis ces dernières années un public français de plus en plus large. Au Maghreb, chanson et poésie n'ont jamais été séparées : toutes deux restent liées à une ancestrale et vivace tradition orale. En juin 1992 débutent les années Khaled, qui connaît une carrière internationale, dont la chanson « Didi », par exemple, évoque l'urgence d'aimer dans son pays, l'Algérie, que déchire la guerre civile.

Quelles sont les chansons de l'an 2000 qui resteront dans nos mémoires ? Il est sans doute trop tôt pour le dire. Mais il n'y a aucune raison pour que s'achève le long compagnonnage de la chanson et de la poésie. Il perdurera tant que nous éprouverons le besoin de mettre en mots et en musique nos espoirs, nos rêves et nos souffrances.

Pour Baudelaire et les poètes symbolistes,

> Les parfums, les couleurs et les sons se répondent.
>
> (*Les Fleurs du mal*, 1861, « Correspondances ».)

L'univers, pensent-ils, recèle une unité secrète. Non seulement à un certain degré de profondeur, tous les sens (l'ouïe, l'odorat, la vue...) *se correspondent,* mais le monde réel n'est lui-même qu'une image floue et dégradée du monde spirituel, idéal et parfait[9].

En tendant vers la musique, le poème, qui se lit (et qui sollicite donc la vue) et qui se dit (et qui sollicite donc l'oreille), consacre les retrouvailles des sens. Mais parce que la musique est, en même temps, un art de la suggestion, elle permet à l'esprit et à l'âme de voguer vers des contrées inconnues. C'est ce que dit Baudelaire dans un poème précisément intitulé « La Musique » :

> La musique souvent me prend comme une mer !
> Vers ma pâle étoile
> Sous un plafond de brume ou dans un vaste éther[10]
> Je mets à la voile ;

(*Les Fleurs du mal,* 1861.)

---

9. Voir aussi, pour plus de détails, les chapitres 3 et 12.
10. *Éther* : terme poétique pour désigner le ciel.

9 Poésie et musique

La poésie et la musique ont souvent été rapprochées. Ces deux pratiques artistiques ont même été confondues. Dans l'Antiquité grecque, la poésie *lyrique* désignait à la fois la poésie et le chant. Chez les Latins, le mot *carmen* s'appliquait aussi bien au chant envoûtant qu'au poème. Au Moyen Âge, nombreuses furent les formes poétiques dont le nom suggère un accompagnement musical : la chanson de toile*, la ballade* ou le rondeau* par exemple. Au XIXe siècle, Verlaine intitule l'un de ses recueils *Romances sans paroles* (1874). Le titre est en lui-même significatif[1].

Constater ces rapprochements n'explique pas, toutefois, comment et pourquoi la poésie aspire à devenir musique. C'est qu'en jouant autant sur le sens que sur les sonorités des mots, la poésie atteint une pureté et une transparence propices à suggérer les mouvements de l'âme les plus secrets.

LE SON ET LE SENS

La poésie est musique par la création d'une harmonie imitative, par les effets sonores de la rime et par le rythme du sens.

L'harmonie imitative

Le principe de l'harmonie imitative consiste à faire coïncider le sens des mots avec leur sonorité. Il est très ancien. En effet, on en

1. Voir aussi sur ce point le chapitre 8.

trouve la trace dans l'un des *Dialogues* de Platon[2], *Cratyle*, où l'un des personnages attribue aux sons une signification particulière.

Tous les poètes usent de l'harmonie imitative. Ainsi, dans cet hémistiche* emprunté à Lamartine :

Le f*i*fre aux cr*i*s aig*u*s
(*Jocelyn*, 1836, « Première époque », v. 51),

les voyelles [i] et [u] traduisent phonétiquement le son de l'instrument. De même, Hugo choisit des voyelles éclatantes pour composer ce vers martial :

LA victOIre aux CENT VOIX sOnnERA sA fanfARE
(*Les Voix intérieures*, 1837, « À l'Arc de triomphe ».)

Si courante soit-elle, l'harmonie imitative doit toutefois s'interpréter avec prudence. N'en concluons pas, en effet, que les sons posséderaient une signification immuable. Dans cet alexandrin bien connu de Racine :

Tout m'affl*i*ge et me nu*i*t, et consp*i*re à me nu*i*re
(*Phèdre*, 1677, v. 161),

le retour de la voyelle [i] laisse incontestablement entendre la plainte aiguë de Phèdre. Mais la même voyelle ne produit pas le même effet dans ce vers de Lamartine :

L'oubl*i* seul désormais est ma fél*i*c*i*té.
(*Premières Méditations poétiques*, 1820, « Le Vallon ».)

C'est donc en fonction du contexte et du contexte seul qu'il convient d'analyser l'adéquation du son et du sens. Il n'en demeure pas moins que l'harmonie imitative est un moyen de rapprocher la poésie et la musique.

Les effets sonores de la rime

La rime* est un autre moyen d'exploiter les ressources phonétiques des mots. En effet, elle est autant faite pour l'œil que pour l'oreille, puisqu'elle se caractérise par le retour à la fin de deux ou plusieurs vers de la même syllabe, donc du même son.

2. Philosophe grec qui a vécu de 428 à 348 avant notre ère.

La rime crée ainsi un thème sonore – de la même façon dont on parle en musique d'un thème mélodique (d'un rythme de base ou d'un leitmotiv).

Sans entrer dans le détail fort complexe des différentes sortes de rimes[3], celles-ci donnent un timbre particulier aux vers. Tel est le cas, par exemple, des *monorimes* qui sont des groupements de vers liés par une rime unique – comme dans cet « Adieu » d'Apollinaire à la femme aimée :

> L'amour est libre il n'est jamais soumis au sort
> Ô Lou le mien est plus fort encor que la mort
> Un cœur le mien te suit dans ton voyage au Nord[4]
>
> (*Poèmes à Lou*, 1915, « Adieu ».)

Les rimes les plus classiques restent certes les rimes *croisées** (abab), *embrassées* (abba) ou *plates** (aa bb). Mais toutes sont un jeu prolongé sur les sonorités, qui confèrent aux vers ou à la strophe son identité musicale.

Dans ce distique* d'Apollinaire, les rimes sont plates :

> Comme la vie est lente
> Et comme l'espérance est violente
>
> (*Alcools*, 1913, « Le Pont Mirabeau ».)

Les deux adjectifs qualificatifs « lente » et « violente » s'opposent par leur sens mais se rapprochent par leur sonorité[5]. Celle-ci reprend à son tour et prolonge le phonème* [*an*] contenu dans « espér*ance* ».

Le schéma peut se compliquer presque à l'infini. La rime dite *batelée* fait rimer la fin d'un vers avec le mot qui est à la césure* du vers suivant – comme dans cet extrait de « La Fileuse » de Paul Valéry :

> Le songe se dévide avec une par*esse*
> Angélique et sans c*esse*, au doux fuseau cred*ule*
> La chevelure ond*ule* au gré de la car*esse*
>
> (*Album de vers anciens*, 1920.)

---

3. Voir aussi le lexique p. 151.
4. Remarquons que les trois premières lettres de ces vers forment le prénom LOU, femme aimée du poète : c'est ce qu'on appelle un *acrostiche*.
5. C'est le principe de la *paronomase*.

Ces quelques exemples montrent l'importance phonique des rimes.

La poésie moderne a certes abandonné le vers traditionnel pour le vers libre*, le verset*, ou la prose rythmée*, et elle a, par voie de conséquence, renoncé à la rime. Mais toute recherche d'effets sonores n'est pas pour autant bannie. Songeons à cette simple « histoire » de Prévert :

> Des oiseaux par milliers volent vers les feux
> par milliers ils tombent par milliers ils se cognent
> par milliers aveuglés par milliers assommés
> par milliers ils meurent [...]
>
> (*Histoires*, 1946, « Le Gardien du phare ».)

où la répétition du mot « milliers » équivaut à un refrain. « Aveugl*és* » rime en outre avec « assomm*és* » Le son [eu] se retrouve dans « f*eu*x » et « m*eu*rent ». En définitive le vocabulaire est aussi simple que les effets sonores sont multiples et complexes.

Tout poème doit être dit pour que soit appréciée sa musicalité.

Le rythme, la mesure et la cadence

Enfin, par ses rythmes, la poésie devient musique.

Une lecture naïve et enfantine rend trop souvent l'alexandrin d'une intolérable monotonie. Or, comme tout vers (décasyllabe*, octosyllabe*....), l'alexandrin possède des coupes*. Celles-ci correspondent à des pauses (notées par une barre [/]) après toute syllabe accentuée. Ainsi, dans ce vers de Baudelaire, le rythme, par le jeu des coupes* et de la césure, est le suivant :

> Homme libre/toujours// tu chériras/la mer !
>
> (*Les Fleurs du mal,* 1861, « L'Homme et la mer ».)

Selon le nombre et la place des coupes, les rythmes connaissent une extrême variation – comme le prouvent les vers qui suivent celui de « L'Homme et la mer » qui vient d'être cité :

> La mer/est ton miroir//; tu contemples/ton âme
> Dans le déroulement// infini de sa lame
> Et ton esprit// n'est pas// un gouf/fre moins amer.
>
> (*ibid.*)

À qui prend la peine de le lire correctement, rien n'est monotone dans l'alexandrin.

Dans la poésie moderne, le vers libre* et la prose rythmée* se rythment de deux grandes façons :

– Ou bien le vers libre* s'organise en segments qui détachent les groupes syntaxiques de la phrase :

Tu es pressé d'écrire
Comme si tu étais en retard sur la vie.
S'il en est ainsi fais cortège à tes sources.
Hâte-toi.
Hâte-toi de transmettre
Ta part de merveilleux de rébellion de bienfaisance [...]

(René Char, *Le Marteau sans maître,* 1934, « Commune présence ».)

– Ou bien le rythme dépend d'un mouvement respiratoire, d'une déclamation tout intérieure, comme dans ce cri de révolte :

Oh ! monde, monde étranglé, ventre froid !
Même pas symbole, mais néant, je contre, je contre
Je contre et te gave de chiens crevés
En tonnes, vous m'entendez, en tonnes, je vous arracherai
ce que vous m'avez refusé en grammes.

(Henri Michaux, *La Nuit remue,* 1934.)

Les effets de rythmes sont comme les mélodies : innombrables et infinis.

LA MUSIQUE ET LA POÉSIE PURE

Pour de nombreux poètes, notamment symbolistes, la musique est l'essence même de la poésie. Elle assure en outre l'unité du poème. Mais force est de constater qu'il s'agit le plus souvent d'une musique douce. Comme s'il subsistait une certaine difficulté à faire avec des mots un orchestre symphonique complet.

Vers l'essence de la poésie

Dans son « Art poétique », composé en 1874, Verlaine écrit :

> De la musique avant toute chose,
> Et pour cela préfère l'Impair[6]
> Plus vague et plus soluble dans l'air
> Sans rien en lui qui pèse ou qui pose.

(*Jadis et Naguère*, 1885.)

C'est définir ce qu'est vraiment la poésie. Pour Verlaine, comme d'ailleurs pour Baudelaire, Mallarmé, Valéry ou Claudel, la poésie est ce qui reste quand on a éliminé tout ce qu'on peut traduire en prose.

Ce qui reste alors, ce sont les mots qui, débarrassés de leur fonction utilitaire, didactique ou ornementale, visent à créer une pure harmonie, très voisine de la musique. Le symbolisme[7] a ainsi tenté d'atteindre avec des mots de plus en plus légers, la pureté impalpable de la musique. Quoi de plus suggestives, en effet, que ces résonances de la « Chanson d'automne » de Verlaine ?

> Et je m'en vais
> Au vent mauvais
>   Qui m'emporte
> Deçà, delà
> Pareil à la
>   Feuille morte

(*Poèmes saturniens*, 1866.)

Déjà, Hugo avait capté cette musicalité des mots, qu'il n'associait que pour mieux exprimer leur harmonie sonore :

> Murs, ville
> Et port
> Asile
> De mort
> Mer grise
> Où brise
> La brise
> Tout dort

(*Les Orientales*, 1829, « Les Djinns ».)

---

6. L'*Impair* : c'est-à-dire le vers qui comporte un nombre impair de syllabes comme l'*heptasyllabe* (sept syllabes), l'*ennéasyllabe* (neuf syllabes) ou l'*hendécasyllabe* (onze syllabes).

7. Sur le symbolisme, voir le chapitre 1, p. 10-11.

À la limite, peu importe que les mots véhiculent encore un sens. L'essentiel est que, comme les notes de musique, ils soient l'écriture d'une partition mélodieuse.

La musique, facteur d'unité du poème

La musique devient alors ce qui unifie le poème.

C'est particulièrement vrai chez les symbolistes. Un poème comme « Harmonie du soir », de Baudelaire, au titre déjà évocateur, tire sa cohérence et sa fluidité de l'air de violon qui le domine :

> Le violon frémit comme un cœur qu'on afflige ;
> Valse mélancolique et langoureux vertige !
>
> (*Les Fleurs du mal*, 1861.)

L'harmonie imitative (en [i]), la douceur des sonorités ainsi que la lenteur du rythme et les allitérations* (en [v], [f], [l]) confèrent une certaine langueur à ces vers. Le poème tient dans cet effet mélodique.

Verlaine exprime et, parfois, exorcise[8] par la musique sa tristesse et ses inquiétudes. « Mon rêve familier » évoque une « femme inconnue » qui revient souvent dans les rêves du poète. Comment la décrire ? Comment dire son mystère ?

> Et, pour sa voix, lointaine, et calme, et grave, elle a
> L'inflexion des voix chères qui se sont tues.
>
> (*Poèmes saturniens*, 1866.)

Sur le plan du sens, ces deux vers n'apportent pas de précisions concrètes. Qu'est-ce, en effet, que l'« inflexion » d'une voix réduite au silence ? Mais poser la question est absurde. De ces vers s'élève une musique délicate, chargée de nostalgie.

Composer de la musique avec les mots n'est pas l'ambition des seuls poètes symbolistes. Rimbaud a voulu créer une langue « résumant tout, parfums, sons, couleurs ». Ses poèmes tourbillonnent comme des vertiges où les objets, les pensées, les impressions et les rêves se fondent et se confondent. Lui-même s'est défini par rapport à la musique : « Je devins un Opéra fabuleux », dit-il. De fait, rien n'est

---

8. *Exorciser* : chasser, conjurer.

plus féerique et léger que ce verset* qui, s'il défie la raison, enchante l'oreille :

> J'ai tendu des cordes de clocher en clocher; des guirlandes de fenêtre en fenêtre; des chaînes d'or d'étoile en étoile, et je danse.
>
> (*Illuminations*, « Phrases », 1883-1885.)

Bien que ce soit dans un registre différent, les auteurs-compositeurs de chansons les plus talentueux savent bien qu'une chanson n'est pas un texte plaqué sur une mélodie, mais qu'elle résulte d'une fusion des mots et des notes[9].

Une certaine musique douce

Jusqu'où, toutefois, les mots peuvent-ils rivaliser avec les notes? Ou, en d'autres termes, quelle sorte de musique font-ils entendre?

Le plus souvent, il s'agit moins d'une musique orchestrale et symphonique que d'airs chantés en sourdine sur le mode mineur. La musique de Verlaine est confidence, murmure, nostalgie d'un passé révolu – à l'exemple de ce quatrain :

> Écoutez la chanson bien douce
> Qui ne pleure que pour vous plaire.
> Elle est discrète, elle est légère :
> Un frisson d'eau sur de la mousse.
>
> (*Sagesse*, 1881, « Écoutez la chanson bien douce ».)

Il suffit d'ailleurs de relever les instruments auxquels les poètes se réfèrent. Ce sont des violons, des mandolines, des luths, des hautbois. Baudelaire associe par exemple le « vert paradis des amours enfantines » avec

> Les violons vibrant derrière les collines
>
> (*Les Fleurs du mal*, 1861, « Moesta et errabunda »),

alors que Verlaine évoque de son côté :

> Les sanglots longs
> Des violons
> De l'automne
>
> (*Poèmes saturniens*, 1866, « Chanson d'automne ».)

---

9. Voir aussi sur ce point le chapitre 8.

Ces références à des instruments précis ne sont pas dues au hasard. En tant qu'objets sonores, les mots peuvent difficilement atteindre à la puissance d'un orchestre. Certes la poésie oratoire s'en rapproche. Mais c'est au prix d'une accumulation d'exclamations, d'interrogations, de mots pompeux, d'une certaine grandiloquence[10], qui lassent vite et en définitive n'émeuvent guère.

Hugo a parfois pratiqué cette poésie oratoire où les mots sonnent comme des tambours, où l'énumération se veut majestueuse :

Sombres canons rangés devant les Invalides
Comme des sphinx au pied des grandes pyramides
Dragons d'airain, hideux, verts, énormes, béants
Gardiens de ce palais, bâti pour des géants [...]

(*Les Voix intérieures,* 1837, « Sunt lacrymae rerum ».)

Libre à chacun d'admirer ces vers ou de leur préférer cette petite musique de Verlaine :

Dis, qu'as-tu fait, toi que voilà
De ta jeunesse ?

(*Sagesse,* 1881.)

10. *Grandiloquence* : éloquence affectée qui recourt aux grands mots et aux grandes phrases sonores.

10 La poésie doit-elle raconter ?

La poésie doit-elle raconter ? Dans la classification des genres littéraires, raconter renvoie à la narration, au roman ou à la nouvelle par exemple. Entre la poésie et la narration, il y a donc une opposition de principe. Il arrive pourtant que la poésie raconte, comme par accident. Mais est-ce son rôle ? En fait, la question sera moins de savoir si la poésie use de procédés narratifs que de savoir comment elle en use.

UNE OPPOSITION DE PRINCIPE

En théorie, poésie et narration s'excluent. En effet, ils n'obéissent pas aux mêmes critères : le poème n'est pas le récit d'une histoire ; il ne vise pas davantage à donner l'illusion du vrai.

La poésie ne raconte pas

Pour qu'il y ait récit, il faut une histoire, donc une succession d'événements, fictifs ou réels. Ces événements impliquent la présence de personnages, qui les organisent, les vivent ou les subissent. Ceux-ci évoluent dans un cadre spatiotemporel déterminé : ils sont d'une certaine époque et d'un certain lieu.

Or, autant le genre romanesque reprend aisément à son compte ces caractéristiques du récit, autant la poésie les ignore le plus souvent.

Soit, par exemple, le début de « L'Invitation au voyage » de Baudelaire :

Mon enfant, ma sœur,
Songe à la douceur
D'aller là-bas vivre ensemble !
Aimer à loisir
Aimer et mourir
Au pays qui te ressemble !

(*Les Fleurs du mal,* 1861, « L'Invitation au voyage ».)

Quelle histoire déceler dans ces vers ? La femme à laquelle ils sont adressés reste (et restera dans la suite du poème) inconnue : peut-être n'existe-t-elle pas ? peut-être s'agit-il d'un simple rêve ? On ne peut pas davantage préciser le cadre temporel : est-il celui de l'écriture du poème ? est-il celui de la lecture ? Quant à savoir qui parle, il peut s'agir de n'importe quel amant.

Il en va de « L'Invitation au voyage » comme de très nombreux poèmes : la dimension narrative en est absente.

La poésie ne donne pas l'illusion de la réalité

Tout récit tend par ailleurs à donner l'illusion du réel, dont il se veut la reproduction plus ou moins exacte. Songeons aux romans réalistes de Flaubert (*Madame Bovary*) ou naturalistes de Zola (*Germinal* ou *Thérèse Raquin*), qui sont d'une absolue exactitude documentaire.

La poésie n'a pas besoin de se référer au réel. Lui demander ce qu'elle représente est un non-sens. C'est que le récit et la poésie ne considèrent pas le langage de la même façon. Dans le récit, les mots ont vocation à décrire et à nommer : ce sont des outils de désignation[1]. En poésie, les mots existent pour eux-mêmes et par eux-mêmes, pour leurs formes, pour leurs sonorités, pour leur pouvoir de suggestion[2].

Soit le premier quatrain de « Clair de lune », qui ouvre *Les Fêtes galantes* de Verlaine (1869) :

1. Voir, pour plus de détails, le chapitre 6, p. 67.
2. Voir, pour plus de détails, le chapitre 6, p. 67.

> Votre âme est un paysage choisi
> Que vont charmant masques et bergamasques[3]
> Jouant du luth et dansant et quasi
> Tristes sont leurs déguisements fantasques.

Il ne sert à rien, à l'évidence, de s'interroger sur le degré d'authenticité ou de réalisme de cette strophe. En revanche, ce que la lecture rend immédiatement, c'est la dissonance entre la fête, suggérée par la danse et le luth, et la vague tristesse qui en émane. Les mots saisissent, ici, une impression, un état d'âme. Le rythme est émotionnel et musical. Seules importent cette impression et cette musique[4]. Il suffit que le lecteur les apprécie et qu'il se laisse porter comme dans un rêve.

Le symbole* auquel recourt souvent la poésie ne peut pas davantage se traduire en termes réalistes ou véridiques : c'est, par définition, la représentation concrète (par un objet, un animal, une image…) d'une idée invisible, abstraite. Le symbole renvoie toujours à une autre réalité que lui-même. Ainsi, dans « L'Albatros » de Baudelaire, l'oiseau, majestueux et noble dans les airs, mais maladroit et méprisé lorsqu'il est à terre, devient le symbole de la condition du poète[5].

Que dire, enfin, de l'hermétisme* de Mallarmé[6] ou de ce début d'une *Saison en enfer* de Rimbaud (1873) :

> Jadis, si je me souviens bien, ma vie était un festin, où s'ouvraient tous les cœurs, où tous les vins coulaient.
> Un soir, j'ai assis la Beauté sur mes genoux. – Et je l'ai trouvée amère. – Et je l'ai injuriée ?

C'est l'autobiographie d'une folie qui commence, que les mots tentent de fixer.

En général, la poésie n'a que faire de l'illusion référentielle[7].

---

3. L'adjectif *bergamasque* désigne à la fois les habitants de la ville italienne de Bergame et l'une de leurs danses favorites.
4. Sur la poésie et la musique, voir le chapitre 9.
5. Voir aussi le chapitre 12.
6. Voir le chapitre 6, p. 69-70.
7. On appelle *illusion référentielle* ce qui donne l'impression du vrai, ce qui se réfère au réel.

La poésie méconnaît les enchaînements logiques de la narration

Le récit est une organisation logique. Il use d'une chronologie (passé, présent, futur). Il dispose les événements de telle sorte qu'ils s'enchaînent les uns aux autres pour produire un sens. Même les descriptions y participent. Chez Balzac, par exemple, la longue et minutieuse description de la pension Vauquer, dans *Le Père Goriot* (1835), permet de pénétrer dans l'intimité de ceux qui l'habitent.

La poésie, quant à elle, ne se soucie guère de cette logique narrative. En effet, c'est souvent impossible. Un recueil poétique comporte plusieurs dizaines de poèmes, qui sont autant de textes autonomes, indépendants les uns des autres.

Les *Sonnets pour Hélène* (1578), de Ronsard, se répartissent en deux livres qui comportent au total cent quinze sonnets. L'amour du vieux poète pour Hélène, beaucoup plus jeune que lui, assure l'unité du recueil. Mais il est bien évident que la succession des sonnets n'obéit pas à la progression logique qui commande, dans un roman, le passage d'un chapitre à un autre. Quel rapport de causalité établir entre « Zone », poème de la modernité, et « La Chanson du mal-aimé », poème de l'amour déçu, dans *Alcools* d'Apollinaire (1913) ?

Si on les prend isolément, de nombreux poèmes excluent également toute logique narrative. Voici, par exemple, le début d'un sonnet de Baudelaire :

> Ma jeunesse ne fut qu'un ténébreux orage,
> Traversé çà et là par de brillants soleils ;
> Le tonnerre et la pluie ont fait un tel ravage
> Qu'il reste en mon jardin bien peu de fruits vermeils.
>
> (*Les Fleurs du mal*, 1861, X, « L'Ennemi ».)

Bien que les deux derniers vers soient une phrase complexe avec une proposition subordonnée consécutive (*tel... que*), la structure logique du quatrain compte moins que la métaphore filée[8] de l'orage. Temps météorologique et durée se confondent et s'allient pour exprimer que l'« ennemi » (titre du poème), c'est le temps. Tout est ravage

8. Une *métaphore filée* est une métaphore qui est longuement développée.

et destruction, ou illusions perdues. La logique de l'image l'emporte sur la logique de la syntaxe.

UNE ALLIANCE DE RENCONTRE

Pourtant, il n'est pas rare de lire des poèmes comportant des éléments narratifs et descriptifs.

La présence de la narration en poésie

En effet, l'exclusion du narratif en poésie n'est pas totale.

D'abord pour des raisons de définition. Si la poésie est un genre littéraire, quelles sont alors ses limites ? Dans l'Antiquité gréco-romaine et au Moyen-Âge encore, la poésie englobait l'épopée[9]. À ce titre, *La Chanson de Roland,* écrite en laisses* d'octosyllabes*, appartient au domaine de la poésie. Or c'est le récit, très embelli par la légende, de la vie et de la mort du neveu de Charlemagne. Les éléments narratifs y sont donc très nombreux, presque omniprésents. C'est d'ailleurs leur importance quantitative qui a progressivement conduit à détacher l'épopée* du genre de la poésie pour la rattacher à celui de la narration.

Mais cette évolution de la classification des genres ne résout pas tous les problèmes. Si, en effet, on exclut l'épopée de la poésie en raison des éléments narratifs qu'elle comporte, à quel genre, alors, rattacher *La Légende des siècles* (1859-1883) de Victor Hugo ? Les poèmes qui la composent sont en eux-mêmes de « petites épopées ». Se souvenant d'un épisode de l'Ancien Testament dans la Bible, Hugo évoque la vie de Booz :

> Booz s'était couché, de fatigue accablé ;
> Il avait tout le jour travaillé dans son aire[10],
> Puis avait fait son lit à sa place ordinaire ;
> Booz dormait auprès des boisseaux pleins de blé.

(*La Légende des siècles,* 1859, « Pièce VI ».)

---

9. L'*épopée* est un long poème narratif qui se caractérise par des actions héroïques et où l'histoire, la légende et parfois le merveilleux se mêlent.
10. *Aire* : surface où jadis on battait le grain, les épis de blé.

On retrouve aisément dans ce quatrain quelques-uns des procédés traditionnels de la narration : usage de l'imparfait, du plus-que-parfait, établissant une chronologie ; mise en place d'une histoire ; définition, même succincte, d'un lieu...

En outre, fréquents sont les textes poétiques des XIXe et XXe siècles qui renouent avec les procédés de la narration. Le poème en prose[11] allie les ressources du récit à celles de la poésie. La preuve en est, dans *Le Spleen de Paris* (1869), de Baudelaire, cette ouverture du « Don des fées » qui s'apparente au début d'un conte de fées :

> C'était grande assemblée de Fées pour procéder à la répartition des dons parmi tous les nouveau-nés, arrivés à la vie depuis vingt-quatre heures [...].

« La Maison des morts » d'Apollinaire est également un poème à caractère narratif :

> S'étendant sur les côtés du cimetière
> La maison des morts l'encadrait comme un cloître
> [...]
> Arrivé à Munich depuis quinze ou vingt jours
> J'étais entré pour la première fois et par hasard
> Dans ce cimetière presque désert [...]
>
> (*Alcools*, 1913, « La Maison des morts ».)

On pourrait ainsi multiplier les exemples. Force est de constater l'existence du récit en poésie.

La présence de la description en poésie

La description est traditionnellement considérée comme un élément important d'un récit. Elle en accentue en effet la vraissemblance, le « réalisme ». Décrire un paysage, faire le portrait d'un personnage, c'est accroître la crédibilité du récit.

Or, de même que le narratif, le descriptif n'est pas absent de la poésie. Les Parnassiens[12] y ont souvent recouru, au point qu'on le leur a parfois reproché. « Midi » est l'un des poèmes les plus célèbres

11. Voir le chapitre 2, p. 21-22.
12. Sur les poètes du Parnasse, voir le chapitre 1, p. 7-8.

de Leconte de Lisle (1818-1894). Sous l'écrasante chaleur, la nature s'assoupit tout en conservant sa majesté et se pare de mystère. Elle fait l'objet d'une longue description :

Midi, Roi des étés, épandu sur la plaine,
Tombe en nappes d'argent des hauteurs du ciel bleu.
Tout se tait. L'air flamboie et brûle sans haleine ;
La Terre est assoupie en sa robe de feu.

L'étendue est immense, et les champs n'ont point d'ombre,
Et la source est tarie où buvaient les troupeaux ;
La lointaine forêt, dont la lisière est sombre,
Dort là-bas, immobile, en un pesant repos.

(*Poèmes antiques,* 1852, « Midi ».)

Expression de sentiments personnels, la poésie lyrique ne devrait pas en principe accueillir de description. Elle le fait pourtant volontiers. Poème de l'amour brisé par la mort de la femme aimée, « Le Lac » de Lamartine est incontestablement l'un des chefs-d'œuvre du lyrisme romantique. Il n'en renferme pas moins des éléments descriptifs. Revenant seul sur les rives du lac, où il fut heureux, le poète s'adresse en ces termes au lac lui-même :

Tu mugissais ainsi sous ces roches profondes ;
Ainsi tu te brisais sur leurs flancs déchirés ;
Ainsi le vent jetait l'écume de tes ondes
Sur ses pieds adorés.

(*Méditations poétiques,* 1820, « Le Lac ».)

Pour analyser le « spleen » qui le saisit, cette angoisse de l'âme qui désespère d'atteindre au Bien et à l'« Idéal », Baudelaire use également de la description :

Quand le ciel bas et lourd pèse comme un couvercle
[...]
Quand la pluie, étalant ses immenses traînées
D'une vaste prison imite les barreaux [...]

(*Les Fleurs du mal,* 1861, « Spleen ».)

En se voulant le poète des objets les plus ordinaires, Francis Ponge (1899-1988) n'hésite pas davantage à décrire. Pensons, par exemple, à ce début de « L'Huître » :

> L'Huître, de la grosseur d'un galet moyen, est d'une apparence plus rugueuse, d'une couleur moins unie, brillamment blanchâtre. C'est un monde opiniâtrement clos. Pourtant on peut l'ouvrir : il faut d'abord la tenir au creux d'un torchon, se servir d'un couteau ébréché et peu franc, s'y reprendre à plusieurs fois [...].
>
> (*Le Parti pris des choses*, 1942, « L'Huître ».)

On peut se demander, en définitive, si la description n'est pas aussi inhérente aux textes narratifs qu'aux textes poétiques.

LE TRAITEMENT POÉTIQUE DE LA NARRATION

En réalité, le genre littéraire de la poésie est si vaste et sa délimitation si floue qu'aborder les rapports de la poésie et de la narration sous l'angle exclusif de leur compatibilité ou de leur incompatibilité ne peut déboucher que sur des réponses contradictoires. Mais celles-ci cessent de l'être si l'on s'intéresse à la manière dont la poésie se sert de la narration. Elle la soumet en effet au critère de subjectivité pour instaurer un rapport particulier au monde.

Le critère de la subjectivité

En poésie, la description est un état d'âme

Alors que, dans un roman, la description tend à donner une image du monde « réel », elle renvoie dans un poème à l'introspection du locuteur[13]. Prenons le cas de la description d'un paysage : soit la parole qui émane du poème, établit une correspondance, une harmonie entre la nature et les sentiments personnels. Ainsi, dans cette description de l'automne, Lamartine exprime sa tristesse :

> Salut, bois couronnés d'un reste de verdure,
> Feuillages jaunissants sur les gazons épars !
> Salut, derniers beaux jours ! le deuil de la nature
> Convient à la douleur et plaît à mes regards.
>
> (*Méditations poétiques*, 1820, « L'Automne ».)

13. *Introspection* : observation, analyse, par une personne, de ce qui se passe à l'intérieur d'elle (sentiments, humeurs, motivations) ; *locuteur* : celui qui parle.

Soit, à l'inverse, se produit un effet de contraste : le paysage est à l'opposé de ce que ressent le poète. « Tristesse d'Olympio » de Hugo débute par ces vers :

> Les champs n'étaient point noirs, les cieux n'étaient pas mornes ;
> Non, le jour rayonnait dans un azur sans bornes
> Sur la terre étendu,
> L'air était plein d'encens et les prés de verdures
> Quand il revit ces lieux où par tant de blessures
> Son cœur s'est répandu !
>
> (*Les Rayons et les Ombres*, 1840, « Tristesse d'Olympio ».)

Le tour négatif des deux premiers vers traduit l'étonnement douloureux du narrateur devant le spectacle d'une nature en contradiction avec son état d'esprit.

Revenons aux vers déjà cités du « Spleen » de Baudelaire. La description du ciel n'y vaut pas pour elle-même, comme instantané photographique, mais comme indice d'une mélancolie morbide :

> Quand le ciel bas et lourd pèse comme un couvercle
> Sur l'esprit gémissant en proie aux longs ennuis,
> Et que l'horizon embrassant tout le cercle
> Il nous verse un jour noir plus triste que les nuits ;
>
> (*Les Fleurs du mal*, 1861, « Spleen ».)

La poésie n'entretient de liens avec le descriptif que dans la mesure où celui-ci est extension de la subjectivité, où il dessine un paysage intérieur.

En poésie, le récit renvoie à une expression intime

Il en va de même du récit, dont la poésie modifie le statut. Il devient en effet prétexte à la méditation, point de départ d'une rêverie ou illustration symbolique. Dans le poème intitulé « À une passante », Baudelaire raconte qu'il croise une inconnue :

> La rue assourdissante autour de moi hurlait.
> Longue, mince, en grand deuil, douleur majestueuse,
> Une femme passa, d'une main fastueuse
> Soulevant, balançant le feston et l'ourlet.

Le temps d'un « éclair » leurs regards se croisent. Chacun poursuit son chemin. Le poète s'interroge sur cette « fugitive beauté » qui disparaît à l'horizon,

> Car j'ignore où tu fuis, tu ne sais où je vais,
> Ô toi que j'eusse aimée, ô toi qui le savais !
>
> (*Les Fleurs du mal,* 1861, « À une passante ».)

Le premier quatrain présente toutes les caractéristiques d'un récit : le décor est planté ; une chronologie s'esquisse avec les temps de l'imparfait et du passé simple ; un événement est relaté, sous la forme d'une rencontre inattendue. Il n'en demeure pas moins que ce récit ne possède pas de stricte valeur narrative. Il ne prend tout son sens et toute sa force émotive qu'en fonction des deux derniers vers du sonnet, que par rapport au poète : dans l'aveu muet et éphémère d'un amour déjà partagé et jamais vécu. Le récit est au service exclusif de l'expression personnelle.

Bien que le poème appartienne à un tout autre registre, il n'en va pas très différemment de ce récit, contenu dans « Le Mendiant » de Victor Hugo :

> Un pauvre homme passait dans le givre et le vent.
> Je cognai sur ma vitre ; il s'arrêta devant
> Ma porte, que j'ouvris d'une façon civile [...]
>
> (*Les Contemplations,* 1856, « Le Mendiant »).

Invité à pénétrer dans la maison du poète, le Mendiant se réchauffe près du feu de cheminée. À travers son manteau « piqué de mille trous », paraît la lueur des flammes. C'est comme si ce haillon devenait un ciel étoilé :

> Et je regardais, sourd à ce que nous disions,
> Sa bure[14] où je voyais des constellations.

Le récit s'épanouit en un symbole poétique et moral : le Mendiant apparaît comme un homme de Dieu. La logique du récit ne vise pas à décrire le réel, mais à créer une vision.

---

14. *Bure* : vêtement fait à partir d'une grossière étoffe.

Le rapport au monde

Ce critère de la subjectivité qui soumet la narration et la description à une logique personnelle définit un rapport au monde, c'est-à-dire une façon particulière de le voir, de le dire et de le nommer. Alors que le narratif s'efforce de donner une image objective du monde, le poème est un regard jeté sur le monde, et qui entend conserver son originalité et sa spécificité. Il devient dès lors sa propre référence.

Prenons l'exemple du très célèbre « Colloque sentimental » de Verlaine :

> Dans le vieux parc solitaire et glacé
> Deux formes ont tout à l'heure passé.
>
> Leur yeux sont morts et leurs lèvres sont molles,
> Et l'on entend à peine leurs paroles.
>
> Dans le vieux parc solitaire et glacé
> Deux spectres ont évoqué le passé.
>
> (*Les Fêtes galantes,* 1869, « Colloque sentimental ».)

Par le jeu des temps du passé, par le choix des adjectifs qualificatifs, par le glissement de « formes » à « spectres », le poème se fait théâtre d'ombres. Ce début du poème contraste par ailleurs avec le titre : en effet, il n'a rien de sentimental ! Si l'amour a existé entre ces deux « formes », c'est un amour à leur image : mort et passé. Toute la valeur, tout l'intérêt du poème tient dans cette manière de parler de la passion, ainsi que dans la déréalisation de la scène évoquée. La parole qui dit le poème et qui en émane devient son propre objet. Elle est une manière de dire la mélancolie. Et seule cette manière importe.

Ce rapport au monde change naturellement selon les poètes et, parfois, dans un même recueil, d'un poème à l'autre. Mais il est toujours présent. C'est ce qui définit le plus profondément la poésie.

11 Toute poésie est-elle « romantique » ?

La tradition littéraire date la naissance de la poésie romantique de l'année 1820, avec la publication des *Méditations poétiques* de Lamartine (1790-1869). *Les Nuits* (1835-1837) d'Alfred de Musset (1810-1857), *Les Destinées* (1864) d'Alfred de Vigny (1797-1863), les différents recueils de poésies de Victor-Hugo[1] illustrent et assurent son épanouissement pendant la première moitié du XIXe siècle, après quoi, la poésie romantique est sur le déclin.

Pour autant, la poésie ne cesse pas d'être *romantique* après 1850. En effet, si le romantisme désigne un mouvement littéraire précis, historiquement daté, il renvoie à des thèmes et à des attitudes qui sont durables et peut-être permanents.

Quelles sont donc les caractéristiques de la poésie romantique ? En quoi appartiennent-elles à toutes les époques ? Sauraient-elles définir toute la poésie ?

LES CARACTÉRISTIQUES DE LA POÉSIE ROMANTIQUE

Triomphe de la sensibilité, le romantisme exalte l'individu (le *moi*). Épris de liberté et d'absolu, il chante des *ailleurs* propres à consoler de la médiocrité du quotidien et des déceptions de l'existence. Attentif malgré tout aux autres, il est animé d'un *élan humanitaire* qui le pousse à s'interroger sur la société et la condition humaine.

---

1. Ces recueils sont : *Les Odes et Ballades* (1826), *Les Orientales* (1829), *Les Feuilles d'automne* (1831), *Les Chants du crépuscule* (1835), *Les Voix intérieures* (1837), *Les Rayons et les Ombres* (1840).

L'exaltation du *moi*

En réaction contre la rigueur classique du XVIIe siècle et le rationalisme du XVIIIe siècle, la poésie romantique privilégie l'affectivité et les fluctuations de la vie intérieure. Le *moi* devient la source de toute inspiration :

> Ah ! frappe-toi le cœur, c'est là qu'est le génie !
>
> (Musset, *Premières Poésies*, 1830-1840.)

Ce sont les tourments de la passion qui sont le plus souvent évoqués. Les plus célèbres poèmes des *Méditations* de Lamartine[2] disent les plaintes d'un cœur affligé par un amour brisé. *Les Nuits* de Musset résonnent du désespoir amoureux du poète[3] qui en vient à s'interroger sur les rapports de la souffrance et de la création artistique.

Très conscient de la fuite du temps, le poète romantique cultive la nostalgie d'un passé trop vite révolu qu'il a, par lui-même, tendance à valoriser. Il s'écrie comme Lamartine :

> Ô Temps, suspends ton vol ! et vous, heures propices
> Suspendez votre cours !
> Laissez-nous savourer les plus rapides délices
> Des plus beaux de nos jours.
>
> (*Méditations poétiques*, 1820, « Le Lac ».)

Souvenirs et regrets, espérances et désespoirs, inquiétudes devant la destinée et l'énigme de la mort forment alors les fibres de la poésie.

Quand elle n'est pas douloureuse, elle se fait intime comme dans les *Feuilles d'automne* (1831), où Victor Hugo évoque ses amis, ses parents et ses enfants, des souvenirs et des paysages aimés.

---

2. Tels que « Le Lac », « Le Vallon », « Le Désespoir », « L'Automne ».

3. Musset vient alors de rompre avec George Sand. Mais son lyrisme et la profondeur de ses interrogations sur la création artistique dépassent la simple confession et l'expérience autobiographique.

L'aspiration à un ailleurs

Déçu et fatigué par l'existence, se sentant également inadapté à un monde qui s'industrialise, le poète cherche des « ailleurs » apaisants. La nature lui offre un refuge que célèbrent aussi bien Lamartine que Vigny ou Hugo :

> La Nature t'attend dans un silence austère
>
> (Vigny, *Les Destinées,* 1864, « La Maison du berger ».)

Elle invite à la méditation. À l'exception de Vigny, pour qui Dieu a abandonné les hommes à leur sort, tous les romantiques interprètent la splendeur et la complexité de la nature comme une preuve de l'existence de Dieu[4]. Personnifiée, la nature devient un état d'âme, dans la mesure où les poètes lui prêtent leurs sentiments.

Le rêve est un autre moyen de s'abstraire du réel et, parfois, d'explorer les profondeurs de l'être. Chez Hugo, il s'ouvre sur le fantastique et le surnaturel comme dans « Ce que dit la bouche d'ombre » (*Les Contemplations,* 1856), où le poète entre littéralement en contact avec l'Être (Dieu). De penseur, il devient voyant.

Le rêve peut être moins somptueux et plus intimiste, prendre les couleurs de la rêverie :

> Je suis d'un pas rêveur le sentier solitaire
>
> (Lamartine, *Méditations poétiques,* 1820, « L'Automne »).

Cependant, il est toujours fuite et retraite.

L'élan humanitaire

Pourtant, l'exaltation du moi et la passion de l'ailleurs ne conduisent pas les romantiques à se désintéresser des autres et de la société :

> Ah ! insensé qui crois que je ne suis pas toi,

crie Hugo au lecteur des *Contemplations*.

4. Hugo verra même dans la nature non plus une création de Dieu, mais Dieu lui-même.

Les romantiques sont persuadés que le poète est investi d'une mission sacrée, philosophique et sociale. Il est celui qui dévoile l'avenir, qui trace des perspectives et qui s'inquiète des souffrances d'une humanité en marche vers le Progrès.

Après 1830, Lamartine s'oriente vers l'activité politique et sociale, qui renouvelle son inspiration[5]. Hugo dit sa pitié, dans *Les Feuilles d'automne* (1831), « pour les mille objets de la création qui souffrent et languissent autour de nous[6] ». *Les Rayons et les Ombres* (1840) délivrent un message de justice et de compassion.

DES CARACTÉRISTIQUES DE TOUTES LES ÉPOQUES

On conçoit aisément que ces préoccupations et idéaux dépassent l'époque romantique. Ils sont liés à la nature humaine, à ce que l'on pourrait appeler un « romantisme » éternel. Aussi n'est-il pas surprenant de les retrouver après 1850 et chez les poètes modernes. Le lyrisme personnel persiste. Les inquiétudes philosophiques et morales s'expriment différemment, mais il subsiste un certain mal de vivre. Et la poésie ne se désintéresse jamais complètement de la société.

La persistance d'un lyrisme personnel

Même si le romantisme n'a pas inventé le lyrisme, il a fini par se confondre avec lui, de sorte qu'on peut lui rattacher toutes les formes d'expression du moi.

Les Fleurs du mal de Baudelaire (1861) restent à bien des égards « romantiques ». Comme *Les Contemplations* de Victor Hugo, elles sont les « mémoires d'une âme ». Le lyrisme n'en est pas absent, que ce soit pour déplorer la fuite du temps :

> Ô douleur ! ô douleur ! Le Temps mange la vie
>
> (*Les Fleurs du mal*, 1861, « L'Ennemi »),

---

5. En témoignent son recueil des *Harmonies poétiques et religieuses* (1830) et *Jocelyn* (1836).
6. Préface des *Feuilles d'automne* (1831).

pour rêver d'amours paradisiaques (« L'Invitation au voyage »), ou exprimer les révoltes du poète (« Le Voyage »).

Le lyrisme marque aussi de nombreux recueils poétiques du XXe siècle. Avec *Éloges* (1911), Saint-John Perse (1887-1975), né à la Guadeloupe, célèbre ses affinités avec les éléments de la nature antillaise :

> Palmes !
> Alors on te baignait dans l'eau-de-feuilles vertes ; et l'eau était encore du soleil vert, et les servantes de ta mère, grandes filles luisantes, remuaient leurs jambes chaudes près de toi qui tremblais [...].

Si l'on définit comme *romantique* toute poésie fondée sur l'émotion, il n'y a guère de poésies qui ne soient pas *romantiques*.

Le mal de vivre

Le « mal du siècle », selon la formule de Chateaubriand, est aux origines du romantisme, et l'une de ses constantes. C'est l'un des visages du mal de vivre, fait d'incertitudes, d'inquiétudes, de la conscience d'une imperfection tant de la modernité que de la condition humaine.

Rares sont les poètes qui ne l'éprouvent pas. Le « spleen » de Baudelaire est en ce sens une survivance du « mal » romantique[7]. La détresse morale, les tourments de la passion, l'obsession précoce de la vieillesse et de la mort, l'incapacité d'atteindre le Bien et le Beau, l'« idéal », ainsi que le refus d'un monde « où l'action n'est pas la sœur du rêve », en constituent les principaux éléments.

De tels malaises existentiels se retrouvent chez Verlaine :

> Les faux beaux jours ont lui tout le jour, ma pauvre âme,
> Et les voici vibrer aux cuivres du couchant.
> Ferme les yeux, pauvre âme, et rentre sur le champ
> Une tentation des pires. Fuis l'Infâme
>
> (*Sagesse*, 1881, « Les faux beaux jours... »),

ou encore dans *Capitale de la douleur* (1926) de Paul Eluard.

7. Sur le spleen, voir p. 9.

Poésie et société

Si, passée l'époque romantique, les poètes ne s'assignent plus, comme leurs prédécesseurs, de rôle de prophète ou de voyant, en charge de l'avenir des peuples, tous ne renoncent pas, pour autant, à transformer la société.

Le projet surréaliste[8] est indissociable de la révolte marxiste qu'il appelle de ses vœux. En libérant la puissance du rêve et du désir, Breton entend lutter contre les forces sociales conservatrices qui répriment la violence, par nature incontrôlable, de l'imagination, de l'irrationnel, de l'amour fou. Il écrit, dans *Positions politiques du surréalisme* (1935) :

> Il s'agissait de déjouer pour toujours la coalition des forces qui veillent à ce que l'inconscient soit incapable de toute violente éruption; une société qui se sent menacée de toutes parts comme la société bourgeoise pense, en effet, à juste titre, qu'une telle éruption peut lui être fatale.

Par-delà les différences idéologiques et politiques qui les séparent, le surréalisme partage l'ambition qui fut commune au romantisme, ainsi qu'à Rimbaud : celle de « changer la vie ».

DES CARACTÉRISTIQUES CONTESTÉES ET CONTESTABLES

Il n'en demeure pas moins impossible de soutenir que toute poésie est romantique. D'abord, parce qu'il existe une poésie impersonnelle, qui refuse le moi comme source d'inspiration. Ensuite, parce que la poésie réside moins dans ce qu'elle dit que dans la manière dont elle le dit. Elle est un travail perpétuel sur le langage.

8. Sur le surréalisme, voir le chapitre 13.

La poésie impersonnelle de l'art pour l'art

Dans la seconde moitié du XIXe siècle, le Parnasse[9] consacre la rupture avec le romantisme. Des poètes comme Théophie Gautier avec ses *Émaux et camées* (1852), ou Leconte de Lisle avec ses *Poèmes antiques* (1852) et ses *Poèmes barbares* (1862), protestent contre les excès romantiques du moi. Dans le sonnet des « Montreurs » (*Poèmes barbares,* 1862), Leconte de Lisle écrit comme en réponse à Lamartine, à Musset ou à Vigny :

> Je ne te vendrai pas mon ivresse ou mon mal
> Je ne livrerai pas ma vie à tes huées
> Je ne danserai pas sur ton tréteau banal
> Avec tes histrions et tes prostituées[10].

Aux débordements de l'affectivité et même aux « vanités » de l'engagement politique et social, les Parnassiens opposent le culte de la forme. C'est la théorie de *l'art pour l'art,* selon laquelle l'émotion doit céder le pas devant la perfection formelle du poème. C'est la condamnation de tout lyrisme.

Plus près de nous, un poète comme Francis Ponge (1899-1988) affiche une indifférence souveraine à l'égard de ce qu'il nomme le « ronron poétique », c'est-à-dire l'exaltation des mêmes sentiments, des mêmes émotions, qui finissent par devenir des clichés. Aussi dépouille-t-il la poésie de tous les ornements sentimentaux dont elle s'est affublée au cours des siècles.

Le titre de son premier recueil – *Le Parti pris des choses* (1942) – est à cet égard révélateur. Au lieu de s'intéresser aux individus, à son moi, Francis Ponge porte son attention sur les *choses,* sur les objets, sur les animaux, non dans leurs rapports avec les hommes, mais pour eux-mêmes. Il suffit de citer le début du « Cageot » pour s'en convaincre :

> À mi-chemin de la cage au cachot, la langue française a cageot, simple caissette à claire-voie vouée au transport de ces fruits qui de la moindre suffocation font à coup sûr une maladie.
>
> (*Le Parti pris des choses,* « Le Cageot.)

---

9. Voir le chapitre 1, p. 7-8.
10. *Histrion* : bouffon.

Et quelle trace de lyrisme d'expression ou d'expansion du moi déceler dans les poèmes oulipiens qui sont de pures fantaisies verbales[11] ? Ainsi du *lipogramme,* qui est un poème fondé sur le principe de l'absence d'une ou plusieurs voyelles[12]. À l'inverse, le *tautogramme* recherche la répétition la plus grande possible d'une ou de plusieurs lettres : « Au zénith un zeste de zéphyr faisait zézayer le zodiaque » (Jean Lescure). Dans ce monde de l'humour et des jeux de mots, l'inspiration romantique n'a guère sa place.

Le travail sur le langage

Enfin et surtout, il ne suffit pas qu'un poème aborde les grands sujets de préoccupation de l'homme pour qu'on puisse le qualifier de *romantique*. Tout dépend, en effet, de la manière de les orchestrer et de les exprimer.

Soit, par exemple, le thème, romantique par excellence, de la fuite du temps. Hugo écrit dans *Les Feuilles d'automne,* après avoir médité sur l'incessant renouvellement de la nature :

> Mais moi, sous chaque jour courbant plus bas ma tête
> Je passe et, refroidi sous ce soleil joyeux,
> Je m'en irai bientôt, au milieu de la fête,
> Sans que rien manque au monde, immense et radieux.
>
> (*Les Feuilles d'automne,* 1831, « Soleils couchants ».)

Louis Aragon traite du même thème dans *Les Chambres* (1969) :

> Nous arrivons au bout du voyage. Les chevaux
> N'en peuvent plus. Même les grelots
> S'éteignent
> Que tout me fut et long et lent
> J'ai marché sur les genoux mes années
> Mes chemins saignent[13].
>
> (*Les Chambres,* 1969.)

---

11. Sur l'Oulipo, voir chapitre 3, p. 38-39.
12. C'est-à-dire un poème écrit avec des mots qui ne renferment pas la voyelle [e] ou la voyelle [a]…
13. « Mes chemins saignent » est une métaphore préparée par le vers précédent : « J'ai marché sur les genoux ».

Dira-t-on pour autant qu'Aragon imite Hugo, qu'il est romantique ? Ce serait évidemment absurde. L'emploi du vers libre*, les registres de vocabulaire, la création des images : tout différencie le poème d'Aragon de celui de Victor Hugo.

La manière dont Verlaine évoque la mélancolie, autre thème cher aux romantiques, ne ressemble en rien à celle de Lamartine, pas plus qu'à celle de Hugo :

Une aube affaiblie
Verse par les champs
La mélancolie
Des soleils couchants.
La mélancolie
Berce de doux chants
Mon cœur qui s'oublie
Aux soleils couchants.

(Verlaine, *Poèmes saturniens*, 1866, « Soleils couchants ».)

Tout l'art de Verlaine réside dans la musique des mots et des vers, dans la suggestion d'une atmosphère évanescente.

Malgré les apparences, malgré l'existence d'un romantisme éternel, il n'y a de *poésie romantique* que celle pratiquée par les romantiques. Vouloir la pérenniser, c'est oublier l'essentiel. À savoir que la poésie, c'est la création d'un rythme, d'images, l'invention d'une forme, ce qu'en son temps le romantisme a réalisé, avant que lui-même ne s'efface devant d'autres pratiques du langage.

12 Le symbole en poésie

Aborder la question du symbole en poésie est délicat, tant sont grands les risques de confusion. En effet, le symbole fait aussitôt songer au symbolisme, qui marque le renouveau poétique de la seconde moitié du XIXe siècle. D'où trois difficultés :

– la première est que l'utilisation du symbole ne date pas du symbolisme : elle lui est bien antérieure, et elle lui survit largement ;

– la deuxième difficulté réside dans l'ambiguïté même du mot de symbolisme : tantôt il désigne un vaste courant idéaliste, c'est-à-dire intellectuel et spirituel, qui plonge ses racines très loin dans le passé ; tantôt il qualifie une école littéraire, qui triomphe dans les années 1885-1900[1] ;

– la troisième difficulté tient au fait que des poètes comme Verlaine, Mallarmé ou Rimbaud, aujourd'hui considérés comme les plus grands poètes symbolistes, ne sont jamais reconnus dans cette « école », qui s'est constituée en quelque sorte après coup, et autour de poètes plus mineurs.

Dans un premier temps, il convient donc de distinguer le *symbole* du *symbolisme* et d'étudier celui-là comme une technique de transposition. On verra ensuite comment se servir du symbole pour en faire une approche de l'idéal. Ce qui n'est ni sans danger ni sans complexité, dans la mesure où le symbole finit par se diluer, pour s'effacer, sans pour autant disparaître.

---

1. Le symbolisme naît officiellement en 1886 avec le « Manifeste du symbolisme » de Jean Moréas, paru dans *Le Figaro* du 18 septembre 1886.

UNE TECHNIQUE DE TRANSPOSITION

Le symbole ne procède pas de la pensée logique. Aussi est-il nécessaire de le définir avant d'en analyser les fonctions pratiques.

Qu'est-ce qu'un symbole ?

Un symbole est la représentation concrète — par un objet, par un animal ou par un personnage — d'une idée ou d'une notion morale, par définition invisible et abstraite. Ainsi, la colombe est le symbole de la paix. Cette traduction de l'abstrait par le concret ne s'effectue pas au hasard. Elle repose le plus souvent :

- soit sur une analogie entre le représentant et le représenté : par sa blancheur immaculée, le cygne, par exemple, symbolise la pureté;
- soit sur une association d'idées : figurer la justice par les deux plateaux en équilibre d'une balance.

Quelles que soient ses modalités d'expression, le symbole renvoie toujours à une autre réalité que lui-même. Il implique de dépasser la lecture littérale pour parvenir à un sens second et caché.

Une image expressive

Le symbole rend plus accessible, plus *imagée*, une idée ou une pensée. Aussi est-il d'usage courant dans la poésie philosophique.

Les Destinées de Vigny (1864) en usent presque systématiquement. « La Bouteille à la mer », qui en fait partie, relate le naufrage d'un navire, dont le capitaine enferme dans une « bouteille », qu'il jette à la mer, son journal et la « carte des flots » qu'il a dessinée. Elle est plus tard récupérée par un pêcheur qui

> [...] court, cherche un savant et lui montre sa prise,
> Et, sans l'oser ouvrir, demande qu'on lui dise
> Quel est cet élixir noir et mystérieux.
> Quel est cet élixir ? Pêcheur, c'est la science,
> C'est l'élixir divin que boivent les esprits,
> Trésor de la pensée et de l'expérience[2].

---

2. On trouvera un autre exemple de symbole dans la poésie de Vigny au chapitre 3, p. 34.

La bouteille est le symbole du progrès, fondé sur la transmission des connaissances, de génération en génération.

De même, dans *La Légende des siècles* (1859-1883), Victor Hugo fait du puissant Satyre de la mythologie grecque[3] le symbole de la conquête et de l'énergie humaines ; il fait même du ballon dirigeable, imaginé en 1850, celui du progrès de l'humanité :

> Où va-t-il ce navire ? Il va, de jour vêtu,
> À l'avenir divin et pur, à la vertu,
> À la science qu'on voit luire !
>
> (*La Légende des siècles,* « Plein ciel ».)

Dans un tout autre registre, avec ses grandes ailes qui se déploient majestueusement dans la nuit mais qui le rendent maladroit dès qu'il se pose à terre, « l'albatros » est pour Baudelaire le symbole du poète[4]. Incompris des hommes « sur terre », il n'est à l'aise que dans l'infini de l'azur[5].

Cette utilisation du symbole n'est pas propre au XIXe siècle. On la constate aussi bien chez les poètes des siècles précédents[6] que chez ceux du XXe siècle. Dans *Le Parti pris des choses* (1942), Francis Ponge fait de l'« huître » qu'il décrit une sorte de symbole du texte poétique. Comme l'huître, le poème est un monde clos, qu'il convient d'ouvrir pour, parfois, en extraire une perle rare[7].

Dans tous les exemples, le symbole est une figure de style.

UNE APPROCHE DE L'IDÉAL

Quand il n'est pas un simple procédé d'écriture, le symbole renvoie à une conception spirituelle de l'univers. Il suggère l'au-delà des apparences, en pratiquant un art de la suggestion.

---

3. Personnage mythologique, le *Satyre* était mi-homme, mi-dieu, avec des cornes et des pieds de chèvre.
4. Voir, pour plus de détails, le chapitre 5.
5. Baudelaire, *Les Fleurs du mal* (1861), « L'Albatros ».
6. Chez les poètes du XVIe siècle et du XVIIe siècle, chez La Fontaine par exemple, l'« eau claire » (l'« onde », comme on disait alors) est symbole de pureté.
7. Voir dans *Le Parti pris des choses* le poème qui porte le titre de « L'Huître ».

Aller au-delà des apparences

Pour de nombreux poètes du XIXe siècle, le monde ne se limite pas à ce que nous en savons ou voyons. Sous sa matérialité, existe une autre réalité, plus parfaite et plus complète. Déjà, en 1822, dans la préface de ses *Odes,* Hugo écrivait :

> Sous le monde réel, il existe un monde idéal qui se montre resplendissant à l'œil de ceux que des méditations graves ont accoutumé à voir dans les choses plus que les choses.

Ce courant de pensée remonte à l'illuminisme du XVIIIe siècle[8] et même, plus loin encore, à la théorie platonicienne des Idées[9]. Il connaît un regain de vigueur dans la seconde moitié du XIXe siècle, en réaction contre le réalisme dominant et le rationalisme scientifique de l'époque.

De ce symbolisme, Baudelaire est l'un des initiateurs quand il rappelle que :

> La Nature est un temple où de vivants piliers
> Laissent parfois sortir de confuses paroles :
> L'homme y passe à travers des forêts de symboles
> Qui l'observent avec des regards familiers.
>
> (*Les Fleurs du mal,* 1861, « Correspondances ».)

Après lui, le poète Jean Moréas, auteur d'un *Manifeste du symbolisme* (1886), constate que :

> tous les phénomènes concrets ne sauraient se manifester eux-mêmes. Ce sont là de simples apparences sensibles destinées à représenter leurs affinités ésotériques avec les idées primordiales.

Concurrente de la religion, la poésie va dès lors devenir un moyen de connaissance et de révélation.

---

8. En réaction contre le matérialisme et l'athéisme des philosophe du XVIIIe siècle, l'*illuminisme* est une doctrine selon laquelle le monde matériel est dominé par des forces supérieures invisibles, que seuls des initiés peuvent explorer.

9. Pour Platon, philosophe grec, les réalités concrètes du monde ne sont que les ombres ou les reflets d'un monde supérieur et invisible, qu'il appelle le « monde des Idées pures ».

Un art de la suggestion

Dans cette conception, le symbole change de sens et même de nature. Il ne s'agit plus comme précédemment d'illustrer une idée, mais de faire sentir la présence de ce monde idéal mystérieux, de l'approcher et, dans une certaine mesure, de l'explorer. De quelle façon ?

• En *établissant des « correspondances »* entre le monde matériel, sensible et le monde spirituel, entre l'ici-bas et l'au-delà. Les sensations y deviennent les symboles de l'unité cachée du monde, car :

> Comme de longs échos qui de loin se confondent
> Dans une ténébreuse et profonde unité,
> Vaste comme la nuit et comme la clarté,
> Les parfums, les couleurs et les sons se répondent.
>
> (Baudelaire, *Les Fleurs du mal,* 1861, « Correspondances ».)

C'est ce que fait encore Rimbaud non seulement en associant les voyelles à des couleurs :

> A noir, E blanc, I rouge, U vert, O bleu [...],

mais encore en donnant à ces couleurs une valeur symbolique :

> [...]. E, candeurs[10] des vapeurs et des tentes,
> [...]
> I, pourpres, sang craché, rire des lèvres belles
>
> (*Poésies,* 1883, « Voyelles »).

• En *suggérant le mystère* par la peinture non pas du monde ou d'un objet, mais de l'effet qu'il produit. Tel est le principe fondamental de la poésie de Mallarmé, qui écrit :

> Nommer un objet, c'est supprimer les trois quarts de la jouissance du poème qui est faite du bonheur de deviner peu à peu : le suggérer, voilà le rêve. C'est le parfait usage de ce mystère qui constitue le symbole : évoquer petit à petit un objet pour montrer un état d'âme, ou, inversement, choisir un objet et en dégager un état d'âme, pour une série de déchiffrements[11].

---

10. *Candeurs* : blancheurs.
11. *In* Jean Huret, *Enquête sur l'évolution littéraire,* 1891.

Ainsi, au-delà des apparences, la poésie découvre des « essences », c'est-à-dire le secret des êtres et des choses.

Dans « Autre éventail », par exemple, le mouvement de l'éventail suggère d'abord par analyse l'image de l'oiseau et finit par symboliser l'inspiration poétique et l'essor de la pensée vers l'Absolu. Mallarmé ne décrit pas l'éventail, mais son impalpable mouvement dans l'air :

> Vertige ! voici que frissonne
> L'espace comme un grand baiser
> Qui, fou de naître pour personne,
> Ne peut jaillir ni s'apaiser.
>
> (*Poésies*, 1887, « Autre éventail ».)

• En *donnant l'impression d'une évanescence,* c'est-à-dire d'une réalité indécise, à peine suggérée, parce qu'elle est en train soit de naître, soit de disparaître, comme si elle provenait d'un ailleurs ou qu'elle y retournait.

C'est pourquoi, chez Verlaine, les couleurs sont des nuances ou des demi-teintes, comme le « laiteux », le « blême ». Les sons s'assourdissent ou s'affaiblissent. Les odeurs sont prises à leur déclin. Les objets possèdent des contours vagues ou flous. Ainsi dans ce quatrain des *Fêtes galantes* de Verlaine :

> Calmes dans le demi-jour
> Que les hautes branches font,
> Pénétrons bien notre amour
> De ce silence profond.
>
> (*Fêtes galantes*, 1869, « En sourdine ».)

DILUTION ET TRIOMPHE DU SYMBOLE

Avec un tel type d'écriture poétique, le symbole se fait plus difficile à repérer. Le concret s'efface au profit de l'abstrait et d'un surréel parfois problématique.

La disparition du concret

Le symbole, nous l'avons vu, est une représentation de l'abstrait par le concret. Or les poèmes de Verlaine et plus généralement des poètes symbolistes ne désignent plus directement les choses. Ils effacent et parfois suppriment le référent concret. Le rapport du concret à l'abstrait est seulement suggéré. Concret et abstrait ont tendance à fusionner.

Chez les romantiques, la description d'un paysage est souvent la projection d'un état d'âme ; chez les symbolistes, paysage et état d'âme ne font plus qu'un. Comme dans ce quatrain extrait de *Sagesse* (1880) de Verlaine, qui exprime un état de plénitude absolue :

> Le ciel est par-dessus le toit,
> Si bleu, si calme !
> Un arbre, par-dessus le toit
> Berce sa palme.

On ne sait plus s'il s'agit d'une description réelle ou d'une vision intérieure, de la traduction d'une harmonie personnelle ou d'un paysage.

Avec la disparition presque complète de l'élément concret, le symbole se dilue donc. Cela ne signifie pas pour autant qu'il n'existe plus. Le symbole continue en effet de fonctionner, mais en creux, c'est-à-dire qu'il présente seulement l'abstrait (ce qui est le sujet de la comparaison) et qu'il omet le plus souvent possible le concret (le comparant). Concret et abstrait coexistent alors dans le symbole. Ainsi se trouve réalisé le rêve symboliste de l'unité du monde.

Contrairement aux apparences, la dilution du symbole aboutit à sa généralisation.

Au cœur du surréel

L'effacement du référent rend plus complexe la lecture du poème. Le rôle du lecteur est en effet accru. Il ne lui suffit plus de constater une transposition, de regarder une illustration, il lui faut désormais interpréter et même déchiffrer le poème. Au risque de se tromper ou de se lasser.

Ce risque devient plus grand encore quand le poème ne suggère plus le *passage* du réel au symbolique, mais s'installe *au cœur même* du poétique. On pénètre alors dans un monde totalement inconnu, où tout est symbolique, mais symbolique de quoi ? Tel est le cas, notamment, des poésies de Rimbaud. Soit, par exemple, dans les *Illuminations* (1873-1875), ce court poème en prose intitulé « Fête d'hiver » :

> La cascade sonne derrière les huttes d'opéra-comique. Des girandoles prolongent, dans les vergers et les allées voisins du Méandre[12] – les verts et les rouges du couchant. Nymphes d'Horace[13] coiffées au Premier Empire – Rondes Sibériennes, Chinoises de Boucher[14].

S'agit-il de la description d'un bal costumé, d'un spectacle d'opéra-comique, d'un décor peint ? Toutes les interprétations sont possibles. Mais est-il vraiment nécessaire d'en donner une ?

Car l'essentiel est ailleurs : dans ce monde étrange et neuf qui surgit dans les mots, qui n'existe que par les mots, où l'espace est aboli, où le temps n'a plus de sens. L'autre monde, ce *surréel,* que se propose d'atteindre ou de suggérer le symbole, surgit enfin dans tout son mystère.

Nous ne sommes plus dans l'ordre de la transposition, mais dans celui du déjà transposé. Techniquement, matériellement, le symbole a disparu. Mais le but est atteint : il triomphe dans son propre anéantissement.

---

12. Fleuve de Turquie remarquable par ses nombreux détours et méandres.
13. *Horace* est un poète latin du premier siècle de notre ère.
14. Peintre français (1703-1770), que le XIXe siècle remet à la mode.

13 Qu'est-ce que le surréalisme ?

Le surréalisme a profondément marqué les conceptions et les pratiques du XXe siècle. Officiellement, il naît en 1924 avec la publication par André Breton, son chef de file, du *Premier Manisfeste du surréalisme*[1], et il disparaît quasiment avec la mort de celui-ci en 1966. En tant que mouvement constitué, le surréalisme a donc duré un peu plus de quarante ans, même s'il subsiste encore de nos jours des traces de son influence.

Dans son principe, le surréalisme ne relève pas exclusivement de la littérature. Non seulement parce qu'il concerne toutes les formes d'expression artistique, notamment la peinture, la sculpture, la musique et le cinéma[2]. Mais aussi et surtout parce qu'il est une attitude et un comportement devant l'existence, fondés sur la quête obstinée du *surréel*. Qu'est-ce donc que cette notion ? C'est la première question qu'il convient de se poser.

Malgré la grande diversité des recherches des surréalistes, la poésie est restée la poésie. C'est ce domaine qu'ils ont le mieux exploré et bouleversé, et dans lequel ils se sont le mieux illustrés. De quelle façon ? Quelles sont les caractéristiques de la poésie surréaliste ? En quoi consiste l'écriture surréaliste ?

---

1. Un *Second Manifeste du surréalisme* paraît en 1930.

2. Organisée en 1925, la première exposition des peintres surréalistes rassemble des tableaux de Klee, Masson, Miró, Picasso, Man Ray, De Chirico. Quelques années plus tard viendra Salvador Dali. Au cinéma, l'espagnol Luis Buñuel réalisera le film surréaliste par excellence : *Un chien andalou.*

Le surréalisme part d'un constat : l'échec du rationalisme; d'un acquis scientifique emprunté à la psychanalyse[3] : le rôle majeur de l'inconscient; et d'une certitude : l'existence du surréel.

L'échec du rationalisme

Comme les poètes symbolistes du XIXe siècle[4], le surréalisme instruit le procès de la pensée logique, à laquelle il adresse trois reproches :

– son *rôle purement utilitaire* : l'efficacité est son seul but. Les autres modes de fonctionnement de la pensée sont du même coup ignorés. L'intuition est méprisée; l'imagination, bannie; l'activité onirique, négligée[5]. Le rationalisme est ainsi une amputation de la vie de l'esprit. Il n'est pas la forme d'intelligence la plus vraie; il est ce qui réussit le mieux;

– sa *fonction répressive* : depuis que l'homme a déifié la raison, un carcan de règles et de lois l'enserre. Chacun est sommé d'être rationnel, raisonnable. Les désirs, par définition incontrôlables et ingérables, sont refoulés pour ne pas perturber l'ordre social. D'où des interdits de toutes sortes qui agissent comme une censure;

– son *caractère superficiel* : en définitive, le rationalisme n'a prise que sur les apparences des choses et des êtres.

Le rôle majeur de l'inconscient

Les découvertes de Freud sur l'inconscient confortent les surréalistes dans leur dénonciation de la pensée logique. Selon Freud, en effet, la vie psychique[6] se compose de trois éléments :

---

3. La *psychanalyse* se propose d'étudier la vie psychique de l'individu, c'est-à-dire les mécanismes de pensée, les réflexes, les pulsions... Sigmund Freud (1856-1939) en est le fondateur.
4. Voir le chapitre 1, p. 10.
5. L'*activité onirique* : les rêves.
6. Voir note 22 p. 36.

– le *surmoi* qui, pour se soumettre au principe de réalité, est façonné par l'éducation, par les morales sociales, et qui fonctionne comme une force répressive ;

– le *moi,* qui est la conscience claire, logique ;

– le *ça* qui est l'obscur, l'insaisissable, le lieu de tous les désirs fondamentaux (c'est-à-dire l'inconscient).

Or Freud affirme que tout ce qui échappe à la pensée logique est ce qu'il y a de plus important à étudier. Seule l'exploration de l'inconscient permet de comprendre l'homme dans sa totalité. Et seule la libération de l'inconscient permet l'épanouissement de l'individu, sa réconciliation avec lui-même et avec le monde.

Le surréel

S'appuyant sur les travaux de Freud, le surréalisme postule l'existence d'un accord intime et profond entre d'une part l'imagination, le rêve, le désir, l'affectivité – ce que globalement on appelle la vie psychique[7] – et d'autre part le monde extérieur, les événements personnels ou collectifs.

Le surréel, c'est le réel regardé, analysé, vécu dans l'harmonie la plus complète possible avec les forces, libérées, de l'inconscient et de l'imaginaire. Quand, par exemple, je rêve ou que je crois rêver, je ne suis pas dans un autre monde ; je reste dans ce monde-ci, mais que mon rêve réorganise pour répondre à mes désirs les plus enfouis.

Le surréel n'est donc pas un ailleurs, un au-delà après la mort. Il est ici et maintenant, pour peu que l'on accepte de laisser s'instaurer cette communication entre le réel, l'extérieur, et l'imaginaire, l'inconscient.

Le but du surréalisme est de favoriser cette communication.

---

7. Voir note 22 p. 36.

LES PRINCIPALES CARACTÉRISTIQUES DE LA POÉSIE SURRÉALISTE

Il peut paraître curieux, dans ces conditions, de parler de poésie surréaliste comme on parle de la poésie romantique ou de la poésie symboliste. En effet, le surréel est un état, une manière d'être, de voir, de penser, qui est accessible à tous. Mais comme, pour fixer cet état, le comprendre ou l'atteindre, il faut bien passer par les mots, la poésie redevient primordiale. Rien de tel, en effet, de libérer les mots pour libérer la pensée.

Aussi la poésie surréaliste s'organise-t-elle autour de trois thèmes majeurs : le rêve, l'amour et le hasard.

Le rêve

Les analogies entre le rêve et la poésie ont été soulignées depuis la plus haute antiquité. Mais alors que pendant longtemps on a tenu le rêve pour une forme de manifestation de l'au-delà ou pour un moyen d'accès à l'au-delà, les surréalistes le considèrent comme un outil privilégié d'exploration de l'en deçà, c'est-à-dire de l'inconscient.

Aussi le *récit de rêve* devient-il un genre poétique à part entière. Son caractère poétique réside dans son authenticité, dans les associations insolites de mots qu'il engendre, dans son absurdité apparente (au regard de la pensée logique) qui est en fait l'expression de l'inconscient.

Robert Desnos (1900-1945) s'est fait une spécialité de ce type de compte rendu. Soit à l'état brut :

> Je suis transformé en chiffre. Je tombe dans un puits qui est en même temps une feuille de papier, en passant d'une équation à une autre avec le désespoir de m'éloigner de plus en plus de la lumière du jour et d'un paysage qui est le château de Ferrières (Seine-et-Marne) vu de la voie de chemin de fer de l'Est[8].

8. *In Littérature*, n° 5, 1922. Il s'agit d'une revue, dans laquelle les surréalistes publiaient les résultats de leurs expériences. On y trouve des comptes rendus de rêves et des exemples d'écriture automatique.

Soit sous forme de rêve éveillé qui dématérialise le monde pour dire le désir et son angoisse :

> J'ai tant rêvé de toi que tu perds ta réalité.
> Est-il encore temps d'atteindre ce corps vivant et de baiser sur cette bouche la naissance de la voix qui m'est chère ? [...]
>
> (*Corps et Biens*, 1930, « J'ai tant rêvé de toi... ».)

En 1932, Breton publie *Les Vases communicants,* au titre significatif : ces vases, ce sont ceux de l'inconscient et du réel. À partir d'une analyse de ses propres rêves, Breton montre combien, loin d'être absurdes, les rêves naissent d'une transformation du réel par le désir.

L'amour et la femme

Comme le rêve, l'amour est, pour les surréalistes, une des grandes forces de libération et l'un des moyens de parvenir au surréel. Parce que l'amour est la forme du désir et parce qu'il érotise le réel, l'attente ou le souvenir de la femme aimée se projette sur le monde extérieur, qui est ainsi vu à travers le désir. « Il ne me manquait qu'un grand iris de feu[9] partout de moi pour donner du prix à ce qui existe », écrit Breton dans *L'Amour fou* (1937).

C'est pourquoi, dans la poésie surréaliste, la femme est souvent un lieu de correspondances : entre l'homme et la nature, entre le rêve et le réel, entre l'éphémère et l'absolu[10], entre le passé et le futur[11].

L'amour est une irradiation qui transfigure l'univers. D'où le lyrisme avec lequel les surréalistes le célèbrent, malgré l'aspect déconcertant de certaines formules qui, pourtant, ne font que dire l'universalité du désir :

---

9. *Grand iris de feu* : l'amour.

10. Entre l'*éphémère* parce que, pour les surréalistes, toute passion est fugace ; et l'*absolu,* parce que toute passion porte, dans le même temps en elle, un besoin d'éternité.

11. Entre le *passé,* parce que l'amour abolit tout ce qui existait avant lui ; et le *futur,* parce que l'amour est plein de promesses de lendemains.

Ma femme aux épaules de champagne
Et de fontaine à têtes de dauphins sous la glace
Ma femme aux poignets d'allumettes
Ma femme aux doigts de hasard et d'as de cœur [..]
Aux bras d'écume de mer et d'écluse
Et de mélange du blé et du moulin
Ma femme aux jambes de fusée
Aux mouvements d'horlogerie et de désespoir [...]

(André Breton, *L'Union libre*, 1931.)

Le hasard objectif

Le hasard ne pouvait qu'intéresser les surréalistes dans leur combat contre le rationalisme. En effet, tout l'effort du rationalisme est soit d'expliquer le hasard, et donc de le nier[12], soit d'en réduire la place et l'importance.

Mais qu'est-ce que le hasard? Contrairement à une opinion répandue, le hasard n'est pas synonyme de «n'importe quoi, n'importe comment». C'est la rencontre imprévue de deux logiques, de deux séries causales indépendantes l'une de l'autre.

Prenons un exemple : je sors de chez moi pour aller acheter un livre dans une librairie. Rien n'est plus banal, ni plus compréhensible. Au même instant, une amie effectue la même démarche. Nous nous rencontrons chez le libraire, par hasard. Ce hasard, c'est en fait le croisement de deux initiatives parallèles, indépendantes l'une de l'autre.

Or les surréalistes pensent qu'il arrive parfois que l'inconscient impose sa force et qu'il nous guide malgré nous : j'avais en réalité très envie de rencontrer cette amie. Par une sorte de prescience, de connaissance obscure, se moquant de la logique, du temps et de l'espace, mon désir a conduit mes pas : c'est le *hasard objectif*.

Aussi les thèmes de l'errance et de l'attente sont-ils fréquents dans la poésie surréaliste. Breton les aborde notamment dans *Nadja* (1928) et dans *L'Amour fou* (1937).

---

12. Expliquer le hasard revient à dire comment il s'est produit, donc à le supprimer, puisqu'il y a une cause.

Le discrédit que les surréalistes jettent sur la pensée logique et leur désir d'accorder toute sa place à l'imaginaire font de leur poésie une recherche de l'insolite, du merveilleux. La poésie devient image et d'une beauté fulgurante.

Une poésie de l'insolite et du merveilleux

En se mettant à l'écoute de l'inconscient, le surréalisme libère le langage de sa fonction utilitaire et des contraintes du sens. Il ne s'agit plus de dire et de signifier quelque chose, mais de capter et d'enregistrer ce qui émane du tréfonds de l'être, « en l'absence de tout contrôle exercé par la raison, en dehors de toute préoccupation esthétique ou morale[13] ». C'est le principe de l'écriture automatique :

> Faites-vous apporter de quoi écrire, après vous être établi en un lieu aussi favorable que possible à la concentration de votre esprit sur lui-même. Placez-vous dans l'état le plus passif, ou réceptif, que vous pourrez. Faites abstraction de votre génie, de vos talents et de ceux de tous les autres [...]. Écrivez vite sans sujet préconçu, assez vite pour ne pas retenir et ne pas être tenté de vous relire[14].

L'écriture automatique n'a toutefois été qu'un jeu, auquel Breton et ses amis ont d'ailleurs vite renoncé. Elle donnait des résultats trop décevants. Elle n'en est pas moins intéressante dans son principe.

C'est en effet placer l'inspiration dans l'inconscient et, par là même, modifier le statut du poète. L'activité poétique n'est plus réservée à quelques âmes d'exception comme le proclamaient les romantiques[15]. Elle devient à la portée de tous. C'est en outre définir la qualité poétique d'un texte non plus d'après sa perfection formelle, mais d'après son degré de spontanéité, d'authenticité et d'étrangeté, d'où naîtra l'émotion.

---

13. *Premier Manifeste du surréalisme* (1924).
14. *Ibid.*
15. Voir le chapitre 5.

La poésie surréaliste se fait en conséquence recherche de l'insolite. Soit par le biais d'un jeu verbal dont la virtuosité et l'apparente absurdité finissent par provoquer un vertige de l'esprit :

> Quand un voyageur s'égare dans les feux follets plus crevassés que le front des vieillards et qu'il se couche dans le terrain mouvant
> Surgissent les chevaux migrateurs
> Quand une fillette se couche nue au pied d'un bouleau et attend
> Surgissent les chevaux migrateurs [...]
>
> (Robert Desnos, *Corps et Biens*, 1930.)

Soit en débusquant dans le réel tout ce qui est propice à l'essor de l'imagination et, partant de là, en décrivant le réel à travers l'imaginaire qu'il suscite. Les surréalistes sont ainsi très sensibles au merveilleux des monuments et des villes. Comment contempler la tour Saint-Jacques, à Paris, sans voir se dresser l'ombre de l'alchimiste Nicolas Flamel qui, dit-on, y travailla[16].

Dans *Le Paysan de Paris* (1926), Aragon insiste sur le mystère presque fantastique des villes, la nuit :

> Le sang de la nuit moderne est une lumière chantante. Des tatouages, elle porte des tatouages mobiles sur son sein, la nuit [...]. La nuit a des sifflets et des lacs de lueurs. Elle pend comme un fruit au littoral terrestre, comme un quartier de bœuf au poing d'or des cités.

Une poésie de l'image

Poursuivant et parachevant l'entreprise menée depuis le XIXe siècle, le surréalisme fait exploser les cadres et les structures formelles de la poésie. Pour les surréalistes, la question du vers, du vers libre*, de la prose poétique* ou des poèmes en prose* ne se pose plus[17]. Peu importe le type d'écriture, la poésie est ailleurs. Elle se confond avec l'image que, dès 1926, Aragon, dans *Le Paysan de Paris,* mettait au cœur de l'écriture surréaliste : « Le vice appelé surréalisme est l'emploi déréglé et passionnel du stupéfiant image ».

---

16. *In* André Breton, *Les Vases communicants,* 1932. Écrivain français, passionné d'alchimie selon la tradition, *Nicolas Flamel* vécut de 1330 à 1418.
17. Voir aussi sur ce point le chapitre 2.

Que ce soit une comparaison ou une métaphore, l'image surréaliste est une *pure création de l'esprit.* Comprenons : l'image révèle une réalité obscure plus qu'elle ne la décrit. Sa force tient dès lors à la part d'arbitraire, d'étrangeté, d'absurde (du moins pour la pensée logique) qu'elle renferme. Plus cette part sera grande, plus l'image sera puissante.

Ce serait toutefois une erreur de conclure que l'image est n'importe quoi et qu'elle consiste dans la recherche systématique de l'absurde. Il faut en effet que cette image provoque un choc, qu'elle exerce une certaine fascination sur l'esprit du lecteur ou qu'elle permette de voir le monde différemment.

L'image surréaliste réalise la fusion de la *perception physique* et de la *représentation mentale,* que la logique et la raison dissocient, mais que les enfants et les artistes primitifs ne séparent pas.

En voici un exemple :

> Dans le ruisseau, il y a une chanson qui coule :

perception physique : la vue du ruisseau, la perception d'une chanson ; perception mentale : la chanson entendue devient l'eau regardée. La métaphore naît de la fusion.

Ou encore :

> Le jour s'est déplié comme une nappe blanche[18].

La beauté poétique

Comment, en définitive, définir la beauté d'un poème ? Pour les surréalistes, la beauté n'est ni harmonie ni perfection. Elle est une surprise. Elle réside dans l'inattendu qui soudain trouble, interroge, révèle nos désirs secrets. Aussi varie-t-elle selon les individus.

Nadja, d'André Breton, se conclut sur cette phrase : « La beauté sera convulsive ou ne sera pas ». Et, dans *L'Amour fou,* Breton qualifie la beauté d'« explosante-fixe ». « Explosante » et « convulsive »,

18. Ces exemples sont empruntés au *Second Manifeste du surréalisme,* 1930.

elle est un instantané, un éclair, mais elle est « fixe », parce qu'elle fige et saisit celui qui l'aperçoit. Elle est à l'image de cette « locomotive de grande allure qui eût été abandonnée durant des années au délire de la forêt vierge[19] ».

À chacun dès lors d'apprécier selon sa sensibilité ce texte de Paul Eluard, où le poète cherche à retrouver la femme aimée dans les divers éléments du monde :

> Tu te lèves l'eau se déplie
> Tu te couches, l'eau s'épanouit
> Tu es l'eau détournée de ses abîmes
> Tu es la terre qui prend racine
> Et sur laquelle tout s'établit [...]

(*Facile,* 1935.)

L'apport du surréalisme est considérable. Il a modifié le rapport de l'homme au langage, en faisant des mots un moyen d'exploration de l'inconscient et de ses voix mystérieuses et nocturnes. En réhabilitant l'insolite, l'étrange, il a changé la manière de voir et d'observer. Il n'a pas seulement fait entrer la poésie dans la vie. Il a fait de la vie la poésie même.

---

19. A. Breton, *L'Amour fou,* Éd. Gallimard,1937, p. 13.

14 La poésie après 1945

Au lendemain de la Seconde Guerre mondiale, l'activité poétique s'oriente dans les directions les plus diverses. Elle résulte davantage d'expériences et d'itinéraires individuels que d'« écoles littéraires » ou de courants structurés.

Certes, des groupes se constituent, comme l'Oulipo, fondé en 1960, autour de Raymond Queneau[1]. Le plus souvent, ils se forment autour de revues : *Tel Quel*, créée en 1960 autour de Philippe Sollers ; *L'Éphémère*, en 1960, avec pour principaux animateurs Maurice Blanchot et Michel Léris ; *L'Argile, Clivages, La Délirante...* Mais, à l'exception de *Tel Quel*, ces revues sont éphémères, comme le sont les groupes qui les fondent. Leurs membres partagent les mêmes interrogations sur la poésie, mais non la même écriture poétique. Rien de comparable à cet égard avec le puissant mouvement romantique ou le symbolisme du XIXe siècle.

L'activité poétique reste toutefois intense et fiévreuse, même si elle n'atteint pas un large public. Son extrême diversité rend impossible toute analyse d'ensemble. Du moins, sans prétendre à l'exhaustivité, peut-on discerner quelques grandes orientations.

LA POÉSIE ET LA QUÊTE DE DIEU

S'inscrivant dans la longue tradition de la poésie et de la religion[2], plusieurs poètes font de la poésie une quête, lyrique ou angoissée, du sacré.

---

1. Sur l'Oulipo, voir chapitre 3, p. 39.
2. Voir chapitre 3, p. 35-36.

S'inspirant des figures et des thèmes de la Bible, **Jean Grosjean**[3] recourt au verset[4]* pour exprimer sa foi. Dieu n'est jamais nommé, mais son omniprésence est toujours implicite. Le lyrisme de Jean Grosjean est mesuré, contenu. La langue est simple, mais puissamment émotive, même quand les descriptions disent l'angoisse d'un monde qui ne serait plus habité par Dieu. Ainsi dans cet extrait du « Désert » :

> Long jour unique comme un harassement dont le retour des nuits tempère à peine la splendeur.
> Les nuits avec leur poudroiement stellaire au fond de l'espace vide.
> Selon que passe de face ou de profil la lune, les hyènes déplacent sur le sol une ombre plus ou moins franche.
> Transparence de la nuit sans borne que les jours interrompent à peine
>
> (*Les Beaux Jours*, 1980, « Le Désert ».)

Pierre Emmanuel (1916-1984) est sans doute le plus connu de ces poètes mystiques[5]. Pour lui, le langage « n'est pas un instrument, mais l'être même de l'homme, du monde dont il fait sa demeure en le nommant et en l'ordonnant par les mots ». Autrement dit, c'est par le langage que l'homme s'approprie le monde et qu'il devient lui-même. Par là, le langage s'approche de la Parole divine, qui est la parole créatrice par excellence. Ainsi le recueil *Tu*, publié en 1978, évoque le stade ultime de l'expérience spirituelle, la communication avec Dieu (« Tu ») :

> Quand je dis Toi
> Qui parle ?
> Toi
> Quand Tu dis Je
> Qui suis-je
> Toi
>
> (*Tu*, « Tu », Éd. du Seuil, 1978.)

---

3. Jean Grosjean est l'auteur de *Fils de l'homme*, (1953), d'*Apocalypse*, (1962), *Les Beaux Jours*, (1980) et *Jonas*, (1985).
4. Sur le verset, voir lexique p. 154.
5. *Mystique* : qui possède une foi intense.

De même, pour **Jean-Pierre Lemaire** (né en 1948), la poésie naît de la foi. Elle est une aspiration au surnaturel. Dans les vers suivants, la Sagesse, qui est l'un des attributs de Dieu dans la Bible, s'adresse au poète pour lui faire comprendre le sens de sa vie :

> Je ne suis pas venue conclure ta vie
> mais te la montrer dans une autre lumière
> celle de la campagne ou celle de la mer
> par-dessus le double mur du labyrinthe
> où tu poursuivais le temps dans un couloir

(*Visitation*, 1985.)

DIRE LE MONDE

D'autres poètes préfèrent se réconcilier avec le monde, si opaque ou mystérieux soit-il.

C'était déjà, à sa façon, la tentative de Françis Ponge dont le « parti pris des choses » n'implique pas qu'on se détourne des hommes. C'était au contraire une invitation à mieux regarder les choses familières de notre univers, grâce au poème qui lui-même est un objet de plaisir et de joie[6].

Une certaine humilité caractérise la poésie de ces dernières décennies. Elle ne se propose plus de changer la vie, comme le rêvaient Rimbaud et les surréalistes. Le poète ne prétend pas davantage être un mage ou un prophète inspiré, comme le proclamaient les romantiques. Il cherche plus modestement à rendre le monde plus habitable, plus accessible, en revenant aux réalités élémentaires.

De nombreux poètes contemporains pourraient reprendre à leur compte cette réflexion de **Philippe Jaccottet** (né en 1925), qui fait de l'incertitude le moteur de la création poétique :

> Rien d'acquis, car tout acquis ne serait-il pasparalysie ?
> [...] Je marche faute de lieu, je parle faute de savoir,
> preuve que je ne suis pas encore mort.

(*La Semaison*, 1984.)

---

6. Sur Francis Ponge, voir p. 58-59.

Il ne reste alors que les mots pour dire le monde et le réorganiser. La poésie devient cette parole proférée pour exprimer une manière d'être au monde, pour dire comment on le voit, et quels rapports on entretient avec lui.

Pour **Yves Bonnefoy** (né en 1923), par exemple, l'homme n'est que de passage sur terre. L'éphémère est sa condition. Il est donc inutile, comme le faisaient les romantiques, de le déplorer. Sachons au contraire apprécier l'instant qui ne reviendra plus, retrouver les émotions fondamentales :

> J'aime la terre, ce que je vois me comble, et il m'arrive même de croire que la ligne pure des cimes, la majesté des arbres, la vivacité du mouvement de l'eau au fond d'un ravin, la grâce d'une façade d'église, puisqu'elles sont si intenses, en des régions, à des heures, ne peuvent qu'avoir été voulues, et pour notre bien[7].

La poésie redonne sens au monde, un sens qui ne découle pas d'un absolu divin, mais qui naît de l'émerveillement.

Cette recherche de la simplicité n'implique pas obligatoirement une simplicité de l'écriture poétique. Les poèmes sont souvent des textes brefs, dépouillés, où les mots reprennent leur force originelle. Les objets les plus banals apparaissent ainsi doués de sens dans ces vers d'Yves Bonnefoy :

> Que faut-il à ce cœur qui n'était que silence,
> Sinon des mots qui soient le signe et l'oraison,
> Et comme un peu de feu soudain la nuit
> Et la table entrevue d'une pauvre maison[8] ?

L'ÉNIGME DU LANGAGE

D'autres poètes s'interrogent sur l'énigme du langage.

Pourquoi les mots ? Comment écrire ? En effet, aucun mot n'est neutre ou innocent. Chacun possède une histoire. Le fait que j'utilise tel mot plutôt que l'un de ses nombreux synonymes renvoie à ma

7. Y. Bonnefoy, *L'Arrière-pays*, Éd. Gallimard. Il est aussi l'auteur de *Du mouvement et de l'immobilité de Douve* (1953) et de *Ce qui fut sans lumière* (1987).
8. *Du mouvement et de l'immobilité de Douve*, Éd. du Mercure de France, 1953.

propre éducation, à mon affectivité, à mon imaginaire. Le mot me dit, me révèle et me trahit. Il n'est pas davantage d'écriture neutre. Toute écriture appelle une réflexion sur elle-même : sur son organisation, sur ses formes.

La poésie devient inséparable de la poétique, c'est-à-dire d'un langage qui s'analyse lui-même. C'est souvent une poésie dense et difficile d'accès.

MORT OU RENAISSANCE DE LA POÉSIE ?

Aujourd'hui, la poésie n'occupe guère le devant de la scène. Nos contemporains ont désappris à la lire. Son public s'est rétréci.

La poésie elle-même hésite : que doit-elle être? qu'est-ce qu'un poème? Doit-il être une sorte de laboratoire du langage, qui explore les mots pour eux-mêmes sans se soucier du sens, de la logique grammaticale, d'une cohérence formelle? Mais à trop vouloir retrouver le langage originel d'avant sa fonctionnalisation, la poésie ne court-elle pas le risque, non seulement de voir le cercle de ses lecteurs se restreindre plus encore, mais aussi d'organiser son propre suicide?

À l'inverse, la poésie ne cesse de se revivifier au contact de poètes africains et arabes, qui choisissent de s'exprimer en français pour dire la violence, la beauté et les parfums de leur pays d'origine. Né au Congo en 1931 et mort en France en 1988 **Gérald Tchicaya U Tam'Si** signe plusieurs recueils poétiques : *Le Mauvais Sang* (1955), *Feu de brousse* (1957), *Épitomé* (1962). Il y dresse le constat des humiliations du peuple noir et appelle à plus de fraternité :

> Il venait de livrer le secret du soleil
> et voulut écrire le poème de sa vie
> pourquoi des cristaux dans son sang
> pourquoi des globules dans son rire
> il avait l'âme mûre
> quand quelqu'un lui cria
> Sale tête de nègre [...]

(*Feu de brousse,* Éd. L'Harmattan, 1970.)

D'autres poètes, d'origine française, réhabilitent une poésie de l'émotion, communicable à tous, comme **Guy Goffette** (né en 1947) dans, par exemple, *Éloge pour une cuisine de province* (1988) :

> Ainsi nos pas se sont portés longtemps à l'avant des navires
> plus pour le combat des vagues la déchirure des eaux
> que pour l'aventureuse saison des îles
> – nos pas imaginaires
> mais toujours le poids de la terre nous ramenait
> dans l'île intérieure où piétinent les chevaux de sang
> et la tartine prise à la sauvette
> et la bise au front du paternel bleui ; adieu
> adieu père mère famille encalminée, la voile est tendue [...]
>
> (Éd. Champ Vallon, 1988.)

Mort ou renaissance de la poésie ? Tant que des êtres feront de leur langue le véritable lieu de leur existence, la poésie subsistera, quels que soient ses mystères et ses difficultés d'accès. Car

> ai-je d'autre histoire que celle de la langue et de la littérature française ? Je n'habite pas un pays réel, mais ses espaces textuels, rêvés, subjectifs. Seules la vie et la langue nous sont données ; le monde respire ou s'enténèbre dans la langue.
>
> (Richard Millet, *Le Sentiment de la langue*, Éd. Champ Vallon, 1986 et 1990.)

Annexes

Petit lexique de la poésie

Ce lexique comporte les termes qui, dans le Profil, *sont suivis d'un astérisque.*

Alexandrin (n. m.) : vers de douze syllabes. Pour l'alexandrin comme pour tous les autres types de vers, la versification française ne connaît que des syllabes et non pas des *pieds*. Le *pied* est en effet un groupement de syllabes. Il est en usage dans les langues (grec, latin ou allemand par exemple) qui possèdent des voyelles brèves et des voyelles longues, ce qui n'est pas le cas du français,

Anadiplose (n. f.) : reprise en début d'un vers du mot qui termine le vers précédent.

Anaphore (n. f.) : répétition d'un même mot en tête de vers ou de phrase.

Assonance (n. f.) : répétition de la même voyelle tonique (accentuée) en fin de vers ; par exemple : *rencontre* et *honte*.

Asyndète (n. f.) : absence de tout mot de liaison (conjonction de coordination ou adverbe) entre des groupes de mots ou de phrases.

Ballade (n. f.) : poème du Moyen Âge. On distingue deux formes de ballades : la *petite ballade* comporte trois strophes de huit vers octosyllabiques suivies d'un quatrain ; la *grande ballade* comporte trois strophes de dix vers décasyllabiques suivies d'un quintil.

Calligramme (n. m.) : poème dont la présentation typographique dessine le sujet du poème,

Césure (n. f.) : point fixe de partage dans les vers de plus de huit syllabes. Dans l'alexandrin, elle se situe à l'hémistiche ; ex. : « Vous haïssez le jour// que vous veniez chercher » (Racine, *Phèdre*). Dans le décasyllabe, elle définit deux éléments de 4 et 6 syllabes.

Chanson de toile (n. f.) : chanson lyrique du Moyen Âge, attribuée aux fileuses et tisseuses (qui fabriquaient de la *toile,* du tissu).

Comparaison (n. f.) : la plus répandue des figures de style. Toute comparaison comporte trois éléments : le comparé, le comparant et l'outil de comparaison (*comme, ainsi que*...).

Comptine (n. f.) : petit poème d'origine populaire qui sert à *compter,* dans un groupe, celle ou celui qui commencera le jeu.

Coupe (n. f.) : point de partage, à l'intérieur d'un hémistiche, des groupes de mots, À la différence de la césure, la coupe occupe une place variable ; ex. : « Par vous/aurait péri/le mon/stre de la Crête » (Racine, *Phèdre*).

Décasyllabe (n. m.) : vers de dix syllabes.

Distique (n. m.) : groupement de deux vers rimant ensemble et formant une unité de sens autonome.

Écriture automatique (n. et adj. f.) : forme d'écriture pratiquée par les surréalistes consistant à écrire sous la « dictée » de l'inconscient, en dehors de tout contrôle de la raison.

Ellipse (n. f.) : tournure de style qui consiste à supprimer des mots qui seraient nécessaires à une construction grammaticale complète, mais dont l'absence n'empêche pas la clarté du sens.

Épître (n. f.) : poème s'adressant à un personnage réel ou fictif sur les sujets les plus variés.

Épopée (n. f.) : long poème à la gloire d'un héros ou d'une nation, mêlant le surnaturel et le merveilleux au récit d'exploits (souvent guerriers).

Hémistiche (n. m.) : une moitié de vers.

Image (n. f.) : voir comparaison et métaphore.

Laisse (n. f.) : groupement de plusieurs vers (de 4 à 30) ayant la même assonance. Forme de poème fréquente au Moyen Âge.

Lyrisme (n. m.) : expression passionnée de sentiments personnels, tristes ou heureux.

Madrigal (n. m.) : petit poème de forme très variable, galant et tendre, fondé sur un trait d'esprit.

Métaphore (n. f.) : comparaison dont l'outil de comparaison (*comme, ainsi que...*) a été volontairement supprimé, Quand une métaphore se prolonge sur plusieurs vers ou plusieurs lignes, on parle de *métaphore filée.*

Métrique (n. f.) : désigne et étudie les techniques de la versification.

Octosyllabe (n. m.) : vers de huit syllabes ;

Ode (n. f.) : introduite en France au XVIe siècle par Ronsard, l'ode est un poème lyrique, composé de plusieurs strophes.

Pantoum (ou pantoun, n. m.) : poème d'origine orientale, à la structure rigoureuse : les vers 2 et 4 du premier quatrain deviennent les vers 1 et 3 du quatrain suivant.

Poème en prose (n. m. et f.) : prose dont le rythme, les sonorités et les images créent des effets musicaux et « poétiques ».

Quatrain (n. m.) : strophe de quatre vers.

Quintil (n. m.) : strophe de cinq vers.

Rime (n. f.) : identité sonore et visuelle de la dernière syllabe au minimum des mots en fin de vers ; ex. : *cordons* et *chaînons*. Une rime est dite *masculine* quand son dernier élément est une syllabe ne comportant pas d'e caduque : *maintenant, cœur, été*... Elle est dite *féminine* quand la syllabe comporte un *e* caduque : *jolie, amie*...

Rondeau (n. m.) : poème qui, à l'origine, doit son nom à la *ronde* que l'on dansait en le chantant. Il n'est plus chanté à partir du XVe siècle. Il se caractérise par une construction sur deux rimes et par un refrain qui apparaît en son début, en son milieu et à sa fin.

Satire (n. f.) : poème de forme variable dans lequel la critique, qu'elle soit morale, politique, littéraire ou personnelle, est fortement présente.

Sonnet (n. m.) : poème de quatorze vers répartis en deux quatrains et en deux tercets.

Synecdoque (n. f.) : figure de style consistant à désigner un objet par l'une de ses parties ou composantes ; ex. : *la voile* pour *le navire.*

Synesthésie (n. f.) : correspondances exprimées par le langage poétique entre les différentes perceptions sensorielles (l'ouïe, la vue...).

Symbole (n. m.) : figure de style consistant à exprimer une notion abstraite par un élément concret.

Tercet (n. m.) : strophe de trois vers.

Vers libres : vers de rythme et de longueur variables, ignorant la rime mais faisant souvent appel aux assonances. Ils restent parfaitement identifiables en tant que vers par l'emploi de la majuscule en début de ligne, et par le fait d'aller à la ligne.

Verset : nom réservé à l'origine aux petits paragraphes figurant dans les textes sacrés comme la Bible ou le Coran. Par extension, au XXe siècle, le verset désigne des ensembles souvent plus longs que le vers et au rythme plus ample.

Bibliographie

Les livres sur le genre poétique sont innombrables. Nous n'indiquerons donc ici que les ouvrages de base.

OUVRAGES DE SYNTHÈSE

- JEAN Georges, *La Poésie,* Éd. du Seuil, 1951, coll. "Peuple et culture".
- JOUBERT Jean-Louis, *La Poésie. Formes et fonctions,* Éd. Armand Colin, 1988.

ESSAIS D'ANALYSE DU GENRE

- BARTHES Roland, *Le Degré zéro de l'écriture,* Éd. du Seuil, 1953.
- BERNARD Suzanne, *Le Poème en prose de Baudelaire à nos jours,* Éd. Nizet, 1950.
- CAILLOIS Roger, *Approches de la poésie,* Éd. Gallimard, 1978.
- KRISTEVA Julia, *La Révolution du langage poétique,* Éd. du Seuil, 1974.
- LEMAÎTRE Henri, *La Poésie depuis Baudelaire,* Éd. Armand Colin, 1993 (7e édition).
- MONNEROT Jacques, *La Poésie moderne et le sacré,* Éd. Gallimard, 1945.
- RAYMOND Michel, *De Baudelaire au surréalisme,* Éd. José Corti, 1985 (nouvelle édition).
- RIFFATERRE Michel, *Sémiotique de la poésie,* Éd. du Seuil, 1963.

LA POÉSIE VUE PAR LES POÈTES

- BONNEFOY Yves, *Entretiens sur la poésie,* Éd. Payot, 1981.
- JACCOTTET Philippe, *L'Entretien des muses,* Éd. Gallimard, 1968.
- PONGE Francis, *La Fabrique du pré,* Éd. Skira, 1971.
- RENARD Jean-Claude, *Notes sur la poésie,* Éd. du Seuil, 1970.

MOUVEMENTS ET ÉCOLES POÉTIQUES

Le romantisme

- GUICHARD Léon, *La Musique et les lettres au temps du romantisme,* Éd. PUF, 1955.
- MARTINO Pierre, *L'Époque romantique en France,* Éd. Hatier, 1950.
- PEYRE Henri, *Qu'est-ce que le romantisme ?* Éd. PUF, 1971.

Le Parnasse

- MARTINO Pierre, *Parnasse et symbolisme,* Éd. Armand Colin, 1972.

Le symbolisme

- MARCHAL Bertrand, *Lire le symbolisme,* Éd. Dunod, 1993.
- MICHAUD Guy, *Message poétique du symbolisme,* Éd. Nizet, 1966.

LA POÉSIE DU DÉBUT DU XXe SIÈCLE

- BENS Jacques, *Oulipo 1960-1980,* Éd. Christian Bourgois, 1980.
- BOSQUET Alain, *La Poésie française depuis 1950,* Éd. La Différence, 1979.
- DECAUDIN Michel, *La Crise des valeurs symbolistes (1895-1914),* Éd. Slatkine, 1981.
- DELVAILLE Bertrand, *La Nouvelle Poésie française,* Éd. Seghers, 1972.
- DUPLESSIS Yves, *Le Surréalisme,* Éd. PUF, 1961, coll. « Que sais-je ? ».

Index

Guide pour la recherche des idées

Correspondances

Chanson

Écriture automatique

Inconscient

Inspiration

Langage poétique

Lyrisme

Modernité de la poésie

Musique

Parnasse

Philosophie

Romantisme

Spleen

Symbole/symbolisme

Utilité de la poésie

Bussière Camedan Imprimeries
à Saint-Amand (Cher), France.
Dépôt légal : août 2000. N° d'édit. : 11365. N° d'imp. : 003610/1.